LA CASA AMARILLA DE AMOR Y DE LÁGRIMAS

Héctor A. Bravo Vick

Sociedad Protectora del Patrimonio
Mayagüezano
2016

Héctor A. Bravo Vick

LA CASA AMARILLA DE AMOR Y DE LÁGRIMAS

La linda Casa Amarilla
Con su patio ladrillado
El árbol de ilán, ilán
Y su jardín todo sembrado
De rosas y de violetas
Y madreselvas doradas

Sociedad Protectora del Patrimonio
Mayagüezano
2016

La Casa Amarilla de amor y de lágrimas

Serie: Sociedad Protectora del Patrimonio Mayagüezano, v. 2

Copyright 2016

© Héctor Bravo Vick

© Cybell Batista Baco - Prólogo

© Alfredo Morales Nieves – La Casa Amarilla o la resurrección de una calle

© Wilbert Pagán – Ilustración y diseño de portada

© Sociedad Protectora del Patrimonio Mayagüezano

© Junta editorial: Alfredo Morales Nieves (Presidente Junta Editorial), Pablo L. Crespo Vargas (Asesor Editorial), Cybell Batista Baco (Editora), Lourdes Ivette Martínez (Editora).

Todos los derechos reservados. Ninguna parte de este libro puede ser reproducida o trasmitida de cualquier forma o por cualquier medio, electrónico o mecánico, incluyendo fotocopia, grabación, o por cualquier sistema de almacenamiento y recuperación, sin permiso escrito de su autor, la Sociedad Protectora del Patrimonio Mayagüezano y la Editorial Akelarre.

Primera Edición
junio 2016

Editorial Akelarre
editorialakelarre.blogspot.com
editorialakelarre@gmail.com

Ilustraciones sometidas por el autor y su equipo de trabajo.

All rights reserved.
ISBN: 1533414238
ISBN-13:   978-1533414236

Contenido

Prólogo por Cybell Batista Baco 7

La Casa Amarilla o la resurrección de una calle por Alfredo Morales Nieves 9

Dedicatoria 17

Agradecimiento 19

Sobre las fotos e ilustraciones 21

Introducción 23

Trasfondo histórico 27

Boda y pasión 39

La Casa Amarilla 49

El almacén del abuelo 61

Los hijos, frutos del amor... y otros hechos 67

Platos y comidas que caracterizaron la Casa Amarilla 79

La inesperada muerte de la abuela Maya 87

Actividades en la Casa Amarilla y la boda de la tía Yiya 97

Las enfermedades del abuelo, su muerte y la pérdida de la Casa Amarilla 103

La semilla de la Casa Amarilla 111

Nota de interés especial 119

Notas de referencia 123

Bibliografía 133

Prólogo
Por Cybell Batista Baco

Más que un edificio para habitar, una casa representa una historia. Es donde se forma un hogar, una familia, cimientos de la sociedad. Este texto narra la historia, desde sus inicios, de una casa emblemática de nuestro Mayagüez; cuna de la familia Bravo Torruella. Aunque he visto esa casa desde niña, no conocía su historia, así como tampoco la de muchas casas históricas de mi pueblo que son dignas de admirar y que debemos apreciar. Como miembro de la Junta Editorial de la Sociedad Protectora del Patrimonio Mayagüezano llega a mis manos el escrito, dándome la oportunidad de sentir su energía. Estas, sustentadas en las memorias de una familia mayagüezana desde la construcción del edificio, las alegrías, la llegada de los hijos, los golpes de la vida, prosperidad y decadencia, no sólo de esta familia sino de la Sultana del Oeste. Un estilo de vida perpetuado en estas líneas nos permite viajar en el tiempo, conocer nuestro pasado y nuestra evolución. Nos deja la rememoración de nuestro pasado, visto a través de la *Casa Amarilla*.

La Casa Amarilla

De Amor y de Lagrimas

WILBERT

HECTOR A. BRAVO VICK

La Casa Amarilla o la resurrección de una calle

El placer de la lectura de la obra que tenemos en nuestras manos es mayor cuando sabemos el esfuerzo y tesón que puso su autor en el desarrollo de la misma. Leer este regalo histórico dedicado a seres queridos, a afectos que nacen y surgen con la obra, y al poderoso recurso que se llama la *memoria para contar*, es un placer en sí mismo. La famosa Calle Méndez Vigo, loada en revistas alemanas, españolas y estadounidenses, reconocida por ser reflejo de un momento histórico impresionante en La Sultana del Oeste, revive entre nostalgias, sueños del pasado, historias no contadas, emociones de familia, el deseo intenso del autor por contarla y compartirla y, muy en especial, por la contribución a la reconstrucción de la memoria colectiva de la ciudad de Mayagüez.

Bravo Vick nos regala unas memorias que, convertidas en ficción en su ideario literario, desde lo más profundo de su alma, añaden a nuestra literatura mayagüezana un texto que recrea los primeros 30 años del siglo XX mayagüezano. En este se recogen las memorias de una distinguida familia, así como la historia de una residencia. Esta casa, llamada por el autor la Casa Amarilla, hoy llamada la Casa Azul, ha sobrevivido a los embates del tiempo, un maremoto, huracanes y, en una escala mayor, la mano del hombre que, inmisericorde, destruyó la belleza de las residencias de la Calle Méndez Vigo durante el siglo XX y, con ello, joyas arquitectónicas que eran patrimonio de nuestra ciudad. Sin ellas Mayagüez ha quedado desnuda en su costa, en su arteria principal, vacía y en llanto. Bravo Vick, nos permite recrear los más hermosos e íntimos momentos de la

Calle Méndez Vigo en la figura, y personificación, de la Casa Amarilla.

El texto comienza con un excelente recuento del trasfondo histórico de lo que fue la occidental ciudad antillana de Mayagüez en la isla de Puerto Rico. Este recuento es, a su vez, un lamento a la poca visión de los administradores de la ciudad y los habitantes, por no preservar la belleza arquitectónica ni el valor histórico de este sector de la ciudad, no solo por su potencial económico a través del turismo, sino por el significado para el país y la historia de Mayagüez, el esfuerzo y trabajo de muchos de sus hijos y el empleo del dinero personal en establecer propiedades dignas de una digna ciudad, hoy todo destruido.

La introducción termina como una apología y un llamado a la conciencia colectiva a mantener en pie lo poco que nos queda. Enumera el autor algunos edificios icónicos, entre muchos más humildes, por lo representativo de nuestra idiosincrasia y nuestro acervo cultural. Bravo Vick se convierte, de esta manera, en un portavoz de la ciudad que yace agónica en medio de una crisis nacional. Esta voz, conocedora de su historia y de su economía, señala, apuntala, casi ordena en súplica, hacia una visión que permita rescatar nuestro perfil urbano, sino por su valor artístico, humano y espiritual, como debiera ser, por el potencial económico que significaría para la ciudad. Esta postura, como bien señala en su introducción, es la que ha movido a un grupo de ciudadanos, más de 4,000, a través de las redes sociales en la Sociedad Protectora del Patrimonio Mayagüezano, a reclamarle a las autoridades y a la ciudadanía a no destruir, sino conservar, el patrimonio histórico. Bravo Vick aporta a este esfuerzo con la *Casa Amarilla*.

La descripción de la Casa Amarilla, con a mayúscula porque es el nombre propio que le da el autor, es una joya descriptiva de alto valor histórico. Describe, y nos remonta, con características fotográficas a las antiguas casas de nuestra ciudad, sus costumbres y su mobiliario, así como la espléndida arquitectura de la casa de sus ancestros. Además, añade con mucho amor y sensibilidad el apego de las partes de la casa a las tradiciones de la familia, como lo es el antiguo recibidor convertido en sala de tertulias para hombres. Es así como estas memorias se convierten en crónicas históricas a través de las cuales podemos recrear, ficcionalmente, en qué consistían las actividades sociales y culturales de la clase alta mayagüezana. Tal y como narrara el español Benito Pérez Galdós en su descripción de la vida del Madrid finisecular, Bravo Vick nos va llevando de la mano de la familia de sus ancestros a la de otros mayagüezanos reconocidos y cuyos apellidos, contribución al crecimiento económico y cultural de la ciudad, así como el patrimonio que nos legaron, nos es muy familiar. En *La Casa Amarilla* reviven y perduran las tradiciones y costumbres mayagüezanas, eternizándolas.

De particular interés es la historia del abuelo y, en su entorno, la historia de la Calle Comercio, los grupos sociales que habitaban La Marina Septentrional, así como el deceso del patriarca de la familia y, por ende, la forma de enlutar. *De amor y de lágrimas*, es la otra parte del título de estas memorias, y es aquí donde se van contando las pérdidas, con los entierros y el luto, y los nacimientos, con las personalidades y logros de cada niño que nace en la Casa Amarilla. Mientras esto va ocurriendo, descubrimos costumbres, gustos, deportes, así como la educación de las clases más privilegiadas que constituían al Mayagüez de principios de siglo XX. Este acceso a la intimidad de una familia, es una de las grandes contribuciones de Bravo Vick, quien es un precursor en este sentido

11

en las letras de Mayagüez, en especial por permitirnos entrar a la intimidad de las familias de la Calle Méndez Vigo.

Entre sus aciertos, además, citamos este párrafo que nos llama la atención porque, mientras relata la historia de su familia, nos acuerda que los espacios públicos nos son lugar de encuentro y su destrucción, de alguna manera, aniquila la aportación de una sociedad al crecimiento, riqueza y fortalecimiento de la generación a la cual entregamos nuestro trabajo, en especial si este es destruido por quienes lo heredan. Leamos:

> La Academia de la Inmaculada Concepción es parte de la historia de Mayagüez. Fue la primera institución privada y católica establecida después del cambio de soberanía, aunque luego del terremoto del 1918, el muy conocido arquitecto Francisco Porrata Doria la rediseña, construyéndose una nueva en 1922. De estilo sobrio, sencillo y muy práctico, albergó a los estudiantes de dicho plantel por más de setenta años. Estaba localizada entre la Calle Méndez Vigo y la Calle Río en el mismo centro del pueblo. Allí estudiaron mis tías, mi madre y un porciento significativo de la población mayagüezana, incluyéndome a mí. No importó la historia, no importó su estructura ni el prestigio del diseñador. Los Padres Redentoristas la vendieron para construir otra escuela a las afueras de Mayagüez y la edificación también fue eliminada. Hoy, solo queda un lote con piso de cemento que es utilizado como estacionamiento.

Bravo Vick rescata su historia familiar con el privilegio de saber que la casa que le vio nacer aún existe, no así la Academia Inmaculada Concepción, cuya destrucción es una página negra en la historia de la ciudad de Mayagüez y quienes lo permitieron. No importó su contribución histórica a la educación de Puerto Rico al ser fundadora de los primeros comedores escolares en Puerto Rico, y el hambre que mitigaría para muchos niños, ni importó el nombre del arquitecto, mucho menos el resultado de tan encomiable educación y la aportación, de esta manera, al bien social. El edificio fue destruido mientras sus exalumnos lloraban en la calle viéndola convertirse en brea.

Preservar la memoria colectiva e individual de Mayagüez nos permite, además, degustar tal y como lo hacía la familia de la Casa Amarilla. La intimidad de las memorias nos regala a los mayagüezanos unas recetas que nos remontan a las artes culinarias del pasado y al paladar de esta familia.

> La otra receta de buches de la Casa Amarilla y original de la tía Malen, según visto en la libreta de recetas, tenía la peculiaridad de que todos sus ingredientes tenían que ser blancos: leche de almendras, almendras picadas, aceite de oliva, ajo, cebolla, vino blanco y algo de agua.

A las piezas musicales, los gustos personales, la decoración de la casa, se suman las fiestas y celebraciones y, con ello, la gastronomía, lo cual permite remontarse a la fundación de la casa y disfrutar de las fiestas de la ciudad desde el hogar del autor, lo que le da paso a señalar la importancia de la gastronomía mayagüezana en el paladar puertorriqueño, en especial por la influencia de las empresas de Franco y La Ricómini en Mayagüez y el desarrollo de un arte y un comercio únicos en esta ciudad, de origen español y francés. En los años en que se fundara la Casa Amarilla y fuera naciendo la prole, Mayagüez se convirtió en La Capital Mundial del Ron, como bien señala Bravo Vick. Licores y cordiales, postres y platos aderezados ricamente, enaltecían la mesa de la próspera ciudad portuaria.

La emotiva descripción del fallecimiento de la abuela es, además de rico en sentimientos y en imágenes que evocan la pérdida de la abuela del autor, un retorno a las costumbres mayagüezanas al momento de cuidar a los enfermos, velar a quienes fallecen, despedirlos y enlutarlos. Esa escena está descrita con tan peculiar cuidado que nos identifica con el dolor de la familia, la pérdida del idílico mundo de la Calle Méndez Vigo y lo efímero de las maravillosas vivencias que nutren a una familia, para luego despedirlas con el más profundo duelo y con lastimosas lágrimas.

Se suman al recuento histórico las retretas llevadas a cabo en La Correccional en Guanajibo y en el Parque Suau, así como los juegos florales y los carnavales que tanta fama le dieron a la ciudad de Mayagüez, por su esplendor y buen gusto.

La boda de la tía Yiya, la prohibición de un entierro desde el altar de la Iglesia del Carmen en la Playa de Mayagüez, en la Calle Méndez Vigo, ilustran, por demás, eventos sociales de la ciudad, así como sus prejuicios. Todo aparece, sutil e intensamente contado, como si en la memoria las deslealtades y las bondades cohabitaran para siempre en el recuerdo de lo que fue. Estos recuerdos se narran con veracidad y acierto.

Las memorias de Bravo Vick concluyen con un recuento de la vida de los personajes principales, sus ejecutorias y sus contribuciones al bienestar de la ciudad de Mayagüez y del pueblo de Puerto Rico. Es muy acertado, entre otros, la manera en que honra el trabajo de sus ancestros, mayagüezanos, al detallar los pormenores del panteón de la Familia Bravo, en el Cementerio Viejo de Mayagüez. El proceso histórico del nacimiento y fallecimiento del patriarca de la familia, así como el de sus ancestros y descendientes, y la función de la tumba familiar, enaltecen el trabajo llevado a cabo por las manos de estos mayagüezanos y la contribución, volvemos a señalar, de esta familia al bienestar social, cultural, económico y espiritual de la ciudad.

Edificios icónicos, personajes históricos como José De Diego, y otros de menos promoción histórica, pero de vital importancia para la sociedad mayagüezana del siglo XX, renacen, viven y mueren frente a nuestros ojos, como si viéramos un pequeño filme documental sobre esta familia.

La Sociedad Protectora del Patrimonio Mayagüezano, y su Junta Editorial, se honran en presentar en estas memorias el carácter de los mayagüezanos quienes, contra viento y marea, han sobrevivido a los embates que han castigado a la ciudad y sus habitantes. En una de sus anotaciones finales, el autor expresa casi poéticamente la partida de la casa que viera nacer a los hijos del matrimonio Bravo Torruella.

> Cuando sembraron la madreselva en la Casa Amarilla, que crece fuerte y se adhiere con furia y tesón, que siempre trepándose va, así mismo sembraron la semilla de los ocho hijos nacidos en ella. Fueron criados con coraje y valentía, pero también con mucho amor, pasión y ternura. De la madre sacaron la ternura y la ilusión, de los genes Bravo y de los de Pardo, el estoicismo, la fortaleza y el tesón.
>
> Tuvieron que abandonar la cuna, el jardín, la flor, las rosas y las violetas, los recuerdos. Sin embargo, la semilla madreselva, la semilla germinada, esa solo se la quita Dios. Así fue, solo se las quitó cuando los llamó. El amor y el dolor son uno, el que más los unió.

El día en que partieron finalmente los hijos de la residencia Bravo Torruella, ante la muerte del padre y los subsecuentes problemas económicos, se cerró un capítulo en la historia de la Casa Amarilla. El cierre significó su muerte, pero no su desaparición. Quisieron el tiempo y las circunstancias que la Casa Amarilla, hoy la Casa Azul, no desapareciera, como tantas otras joyas arquitectónicas de la Calle Méndez Vigo, ni como tantos edificios de la Sultana del Oeste. Las memorias de Bravo Vick enaltecen nuestro pasado, nos permiten conservar la memoria individual y colectiva y reviven la Casa Amarilla a través de las palabras. Esperemos que estas memorias sean el comienzo de muchas otras y que Mayagüez pueda recontar su pasado desde la intimidad, desde el corazón de las familias mayagüezanas, con el mismo tesón e intensidad con el cual el autor recopiló datos, juntó experiencias de familia, documentó sentimientos y expuso vivencias. De esa manera, las madreselvas, alelíes, azáleas y rosales de los jardines de las casas de nuestros ancestros contarán nuevas historias para enriquecer el presente y dejar un legado para generaciones futuras de mayagüezanos. Así honraremos el pasado y forjaremos un nuevo e ilustre amanecer para Mayagüez.

Alfredo Morales Nieves
Presidente de la Sociedad Protectora del
Patrimonio Mayagüezano
30 de mayo de 2016

Dedicatoria

Dedico estas líneas a mi padre, Héctor Bravo Torruella, el benjamín de la familia, el octavo de ocho hijos, quien pierde a su madre sin todavía haber cumplido los tres años de edad y luego a su padre y otras cosas más en plena adolescencia. Tiene que haber sido fuerte, muy fuerte, pero la protección de los hermanos y el arrullo de su hermana mayor, María Luisa (Yiya), hicieron de él, no sólo un hombre de bien, sino un hombre cabal, productivo y exitoso en todo lo que incursionó. Se lo dedico también a sus otros siete restantes hermanos, pues todos de alguna forma u otra tienen que haber sentido el vacío de la pérdida de una madre amorosa y tierna a una edad muy joven y a la pérdida de un padre tan admirado por ellos. Ese amor del padre tiene que haber sido de calidad, quien con la ayuda de sus hijos mayores y las tías Malen y Carmen Torruella levantaron esa familia. No es solamente haberla levantado, sino el desarrollar un sentido de coherencia y una muy especial unidad y amor entre ellos y al prójimo.

¡Qué ironías tiene la vida, si no hubiesen pasado por tan fuertes experiencias de amor y de lágrimas, quizá no hubiesen sido tan unidos! Nos dieron cátedra de lo que es amor y unidad familiar.

Un reconocimiento póstumo muy especial a la tía Olga por contarme tantas historias de la vida familiar, anécdotas de dentro y fuera de la Casa Amarilla con vuestro adorado "Papá", el abuelo Alejandro Bravo González. Pensar que algún día, muchos años más tarde, sin jamás imaginarlo en ese momento, iba a plasmar en escrito esta historia. A la tía Delta por escribir el bello poema que le salió del alma, "Quiero Amarrar los Recuerdos", los recuerdos en la Casa Amarilla junto a sus padres y hermanos, los que me

17

dieron pie e inspiraron a escribir esta obra. Algunas estrofas dicen:

"La linda Casa Amarilla
Con su patio ladrillado
El árbol de ilán, ilán
Y su jardín todo sembrado
De rosas y de violetas
Y madreselvas doradas"

"Así viviré de nuevo
Las horas que ya pasaron
Mi infancia, mi juventud
Mis padres y mis hermanos"

"Cierro los ojos y veo
El quiosco en medio del patio,
Cubierto de enredaderas
Donde de niños jugamos".

Agradecimientos

Este trabajo no hubiese comenzado si mi prima la pintora Frances Picó Bravo no me hubiera pedido que escribiese unas líneas relacionadas con la Casa Amarilla y sus primeros habitantes, nuestros abuelos y padres. Esto relacionado con una posible exposición de ella en esa casa, hoy llamada Casa Azul, anteriormente, nuestra querida Casa Amarilla. Luego de comenzar, el teclado de la computadora siguió escribiendo casi solo. Parecía como si una inspiración de alguna de las tías me estuviese dirigiendo. Probablemente la tía Olga o la tía Delta eran las que me dirigían. Gracias Frances por dicha petición.

A mi hermana Milagros Bravo Vick, Ph.D., educadora, muy interesada en la genealogía de la familia Bravo me motivó a que continuara con el proyecto ayudándome en la revisión de los borradores y en el cambio de estilo a uno más literario.

A mi primo, Antonio Cabassa Bravo, que cuando leyó mi primer borrador percibí su gran emoción y su disposición a ayudar en todo lo que fuese necesario. Me proveyó fotos y documentos muy pertinentes.

A mi amigo de siempre, Fernando (Quico) Fagundo, doctor en ingeniería estructural. Al leer ese primer borrador me informó que las descripciones sobre la construcción de la casa y sus materiales estaban correctas. Corrigió y emitió sugerencias a los borradores. Gracias Mila, Quico y Antonio Jr..

A un promotor del arte, que demuestra gran amor por él y lo comparte, lo exhibe, lo enseña. Su permiso de inmediato a utilizar fotos viejas y antiguas de Mayagüez, de su extensa colección, corrobora lo expresado. Sus revisiones, correcciones y sugerencias a los borradores han sido de gran valor. Aun sin conocerme personalmente estuvo dispuesto a hacerlo. Me refiero al diseñador gráfico, artista, estudioso de nuestra arquitectura colonial, el profesor Wilbert Pagan. Es el autor de la página digital de Facebook, "Arquitectura e Historia de Mayagüez". Gracias Wilbert.

A Alfredo Morales Nieves, escritor, profesor de Estudios Hispánicos del Recinto de Mayagüez y fundador, cerebro de la Sociedad Protectora del Patrimonio de Mayagüez a quien conocí a través de las páginas digitales, gracias. Tan pronto nos pudimos comunicar comenzó de inmediato su ayuda. Su certera orientación me llevó a las personas a quien tenía que llegar para la edición y publicación del libro. Le tengo un profundo agradecimiento, al igual que el pueblo entero de Mayagüez le debería tener por su incansable lucha de preservar el patrimonio mayagüezano y en la concienciación sobre ello.

A Maya, no la del cuento sino mi hija, Mayra Alejandra Bravo, biznieta de Maya la del cuento, por su ayuda con la parte tecnológica del proyecto, materia de su especialidad.

A Silvia A. Aguiló historiadora mayagüezana, por su esfuerzo y dedicación a la extensa recopilación de datos sobre la historia de nuestro pueblo. Una parte significativa de la historia presentada en éste trabajo fueron adquiridos de sus obras. Gracias Silvita.

Sobre las fotos e ilustraciones

La mayoría de las fotos que acompañan este escrito han sido adquiridas de la página digital, *Historia y Arquitectura de Mayagüez* de la autoría del fotógrafo digital, artista y recopilador de nuestra historia arquitectónica el profesor Wilbert Pagán. Un número más reducido se adquirieron mediante amistades, como las del atardecer tomado por Gary E. Biaggi y otra de la página digital *El Antiguo Casino*, con la anuencia de su director, Javier Cesaní.

Las fotos familiares fueron obsequiadas por mi querida tía, Nydia Nazario de Bravo (Q.E.P.D.) o sacadas de la amplia colección de nuestro primo mayor Antonio Cabassa Bravo, al igual que otras de mi hermana Milagros Bravo Vick y de mi propia colección.

Detalles de la Casa Amarilla:
Ventanas, puerta y
pisos de sala actuales y originales.

Ventanas

Puerta principal

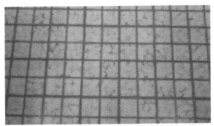

Pisos de sala, loza diminuta llamada tecetas

Introducción

La ficción y la realidad se entrelazan. Basta leer las obras de Rosario Ferré, Esmeralda Santiago y las de Isabel Allende para entender esta realidad; así como algunas de las obras maestras de Gabriel García Márquez para aseverar esto.

Ferré en *Vecindarios excéntricos, La casa de la laguna, Lazos de sangre* y *Vuelo del Cisne*; Santiago en *Cuando yo era puertorriqueña, Casi una mujer* y *El sueño de América*; Allende en *Eva Luna*, en *La hija de la fortuna* y *La suma de nuestros días*; García Márquez en *Del amor y otros demonios* y *El general en su laberinto*, son excelentes ejemplos de lo señalado. En todas y cada una de estas obras la ficción y la realidad se entremezclan constantemente sin el lector poder distinguir entre ellas.

Pretendo contar unas cuantas historias del ayer de nuestra familia y su tiempo. Estas historias fueron, en la mayoría de las ocasiones, narradas por la tía Olga al que escribe. A los poemas de la tía Delta, acompañados de sueños e imaginaciones rodeados de la enredadera del Mayagüez de ese tiempo. Ellos corroboran muchos de esos datos de personajes, edificaciones y acontecimientos históricos con referencias concretas y verídicas. Hubo para ello una extensa búsqueda de referencias de la historia del Mayagüez de ese ayer. También se escudriñó en libros, revistas, copias de periódicos y en forma digital.

El tema central gira alrededor de la casa donde mi abuelo llevó a vivir a su eterno amor, mi abuela, cuando se casaron. La casa fue levantada con esos propósitos y terminada de construirse en 1903, según los mejores datos disponibles. Allí nacieron sus ocho hijos, incluyendo al benjamín de la familia, Héctor, mi padre. Esa casa tan importante para ellos, los hacía regresar a su niñez, alegre y feliz, pero también dolorosa con la súbita e inesperada muerte de la madre, quien dejó un ramillete de hijos que fluctuaban entre los dos años de edad y la adolescencia. Asimismo, regresar a la enfermedad y muerte del idolatrado padre, mi abuelo, y otras crueles despedidas.

Con estas historias vividas por nuestros antepasados, pretendo hacerles honor a ellos, que tuvieron tanto, y se ayudaban unos a otros. A esos que demostraron su nobleza, tanto en la abundancia como en la adversidad. Fueron personas disciplinadas, donde nunca faltó el sentido del humor entre ellos. Fueron muy felices. Su historia es verídica, digna de contarse. Sin ser escritor de literatura, me he atrevido a adentrarme en esta aventura. No tenía otra alternativa que escribir estas líneas de amor y de lágrimas, para enaltecer, dar a conocer y dejar plasmado en la historia, una familia que muchos conocían en Mayagüez y pocos supieron sus tristezas y sinsabores, superadas sólo por los lazos de amor que les unía. Así fueron muy felices. Hoy les estoy diciendo: ¡gracias!

También quiero presentar eventos de la historia del Mayagüez, de esos tiempos que muchos desconocen. Tal vez otros tendrán recuerdos muy vagos y al leer estas líneas recrearán en sus mentes estas historias y lugares. Quizás saltarán algunas lágrimas de nostalgia. He tratado de entrelazar personajes de esa época que dejaron una huella en el Mayagüez antiguo y que pudieron o no haber tenido algún contacto con los protagonistas. Al entrelazar estos personajes con la vida de los protagonistas hemos creado un ambiente donde se mezcla la realidad histórica con el imaginario de lo que pudo pasar. La intención ha sido darle sabor literario e interés a la lectura, moviendo elegantemente lo histórico con personajes que coexistieron en ese tiempo.

Espero que disfruten la lectura pero que también conozcan o no olviden esos personajes mayagüezanos que fundamentaron parte de nuestra historia. Recordar es vivir. Deseo honrar al pueblo donde tanto mis hijos y yo vimos la luz primera, así como donde nacieron mis padres, tres de mis abuelos, bisabuelos y sabe Dios mis tatarabuelos. ¡Seis generaciones de mayagüezanos! Un pueblo pionero en tertulias políticas, eventos culturales, educación y actividades mercantiles, que le daban vida y lustre a Puerto Rico, y no a la inversa.

El bisabuelo, Luis Bravo Pardo, en un vapor.

El abuelo Alejandro Bravo González

La abuela Maria Luisa Torruella Rousset

Trasfondo histórico

Es necesario, para entender con claridad las costumbres de la época de cuando se desarrolla la trama de la obra, el enmarcarnos brevemente en su trasfondo histórico. Basta señalar varias citas de tiempos pasados para confirmar la importancia de Mayagüez en esas épocas. En el Real Decreto de 1877, cito:

> "...ciudad de avanzada por sus ideas y desarrollo, el progreso durante la época se hace evidente en todas sus manifestaciones. Tanto en lo económico como en el desarrollo físico y cultural el progreso es notable".[1]

En 1899 un reportero del New York Times describió a la ciudad como "una de las más ricas y de mejor apariencia en la isla".[2] No han de extrañarnos estos comentarios si conocemos que desde 1858 el puerto de Mayagüez era uno de los más movidos en Puerto Rico, siendo el de mayor exportación de azúcar. Su grandeza se proyectaría en sus habitantes.

Entre estos, en Mayagüez se vio nacer a Eugenio María de Hostos, el pensador de las Américas y pedagogo internacional, conocido también como el ciudadano de las Américas, responsable del establecimiento de un sistema de educación pública en República Dominicana y en gran parte de Cuba y conocido como uno de los cincuenta mejores pensadores del mundo.

No solo su gente, sino que sus estructuras son reflejo de su primor. Mayagüez, el pueblo de la Catedral de Nuestra Señora de la Candelaria, donde comenzó el abolicionismo en Puerto Rico, antes de derogarse el mismo en 1873. En su pila bautismal niños negros

---

[1] Real Decreto, 1877, concediéndole título de ciudad a Mayagüez.
[2] Silvia A. Aguiló, 1973, *Notas para la Historia de Mayagüez*, 50.

fueron liberados por los abolicionistas don Ramón Emeterio Betances[3], caborrojeño residente en Mayagüez por muchos años, y por don Segundo Ruiz Belvis. En esa misma famosa pila bautismal fue bautizado de adulto el querido judío sefardita no converso, el patriarca, Luis Bravo Pardo[4] para poderse casar con una bella mayagüezana, María de los Santos González Izquierdo[5].

Otros grandes personajes son parte de su acervo. Entre ellos tenemos a un Ernesto Ramos Antonini, que aún con su negrura y a pesar del discrimen racial de la época, logró ser un excelente músico, político de altura, orador elocuente, abogado prestigioso, líder obrero y Presidente de la Cámara de Representantes de Puerto Rico hasta su muerte. A don Rafael Martínez Nadal, periodista, político, uno de los más sagaces abogados de todo Puerto Rico, donde "la corte temblaba, cuando Martínez Nadal entraba"[6], quien sirvió en el Senado de Puerto Rico por veinte años, ocho de ellos como Presidente de dicho cuerpo. Fue el primer y único mayagüezano que ostentó esa posición. El pueblo que vio nacer a don Roberto Sánchez Vilella, pasado Secretario de Obras Públicas, de Estado y Gobernador de Puerto Rico entre 1964 a 1968. El pueblo que vio elegir por primera vez en su historia a una mujer a sus cámaras legislativas, doña María Luisa Arcelay.

---

[3] Ramón Emeterio Betances, patriota caborrojeno. Promotor del Grito de Lares. Defensor de la Independencia de PR en tiempos de España. Vivió en Mayagüez por mucho tiempo.

[4] Luis Bravo Pardo, judío sefardita llega a Mayagüez en 1854. El patriarca, padre de 11 hijos mayagüezanos. Así le llama don José de Diego, según corroborado en La Correspondencia, 30 de julio de 2006.

[5] María de los Santos González Izquierdo, mayagüezana, de profundas raíces cristianas católicas de quien Luis Bravo Pardo se enamora perdidamente. Para casarse se convierte al cristianismo católico.

[6] Frase pueblerina para describir la sagacidad de Rafael Martínez Nadal como jurista en la corte.

Mayagüez es el pueblo por donde paseaba por su plaza, en los juzgados, en las cuatro esquinas, escribiendo sus bellos poemas, el ilustre escritor, poeta, abogado, político, don José de Diego, quien hizo de Mayagüez su segundo hogar y logró, mientras era Presidente de la Cámara de Representantes de Puerto Rico el establecimiento en Mayagüez, con fondos federales de un *"Land Grant College"* para la enseñanza de la agricultura y la ingeniería. El pueblo donde se reunían en tertulias políticas y literarias en la residencia de Lola de América (Lola Rodríguez de Tió) y su esposo don Bonocio Tió Segarra, lo más granado de la intelectualidad puertorriqueña. El pueblo que tuvo desde 1874 una de las primeras bibliotecas públicas y que en ese mismo año se establece:

> "...la fundación del Casino de Mayagüez el 16 de septiembre de 1874, según Acta de la primera reunión celebrada en la residencia de don Luis Bravo Pardo, 65 personas se reúnen con el propósito de fundar el Casino (...) posteriormente el 20 de diciembre de 1874 logran inscribir y registrar el Casino de Mayagüez como asociación legal, siendo la primera institución sociocultural establecida en Puerto Rico, anterior al Ateneo de Puerto Rico en el año 1876".[7]

Mayagüez también fue llamada la "Capital de la Aguja" en los años treinta, pues fue aquí donde nació esta industria liderada por un grupo de mujeres emprendedoras como María Luisa Arcelay, doña Gloria E. Domenech y la tía Malen, la de la historia que pronto leerán. Malen Torruella de Gutiérrez, pionera en la confección de guantes, entre otras.

Como si eso fuera poco, era el pueblo de las centrales azucareras y el de mayor número de destilerías de ron. Al punto que fue llamado en una época, la

---

[7] Silvia A. Aguiló, *Notas para la Historia*, p. 50; *Historia del Casino de Mayagüez*, Recopilación, sobre Creación del Casino, pp. 38-39.

capital del ron del mundo, según lo describe muy bien el reconocido historiador de Mayagüez, Federico Cedó Alzamora.

Mayagüez no solo tuvo pujanza económica. Lo más significativo de todo esto fue su capacidad única de levantarse de tantos embates que la naturaleza le envió, como el gran fuego del año 1844, el terremoto y tsunami de 1918, los huracanes que azotaron con fuerza y coraje y sus famosas inundaciones. Dudo que otro pueblo o ciudad en Puerto Rico haya recibido tantos ataques de la naturaleza como éste. Siempre se ha repuesto, como sólo un cacique guerrero se levanta.

Mayagüez, hervidero operístico y teatral, donde la zarzuela, el baile y tantas otras manifestaciones artísticas se dieron a conocer en la Catedral del Arte Sonoro, el famoso Teatro Yagüez y en el Francés, mejor conocido como el Teatro El Bizcochón.[8] Nuestra ciudad es cuna de artistas destacados en el cine, teatro y televisión de la altura de Alicia Moreda, Madeline Williemsen Bravo y la dama del teatro puertorriqueño, Lucy Boscana Bravo. Es pueblo de compositores de la talla del genio musical Simón Madera[9] y Roberto Cole[10], en el que se han inspirado poetas como Luis Llorens Torres[11] y José de Diego, entre otros.

---

[8] Wilbert Pagan, Arquitectura e Historia de Mayagüez, Teatro fundado en 1836 con el nombre de Teatro Francés de Mayagüez, conocido por su arquitectura como Teatro El Bizcochón.

[9] Simón Madera (1875-1957) genio musical mayagüezano. Compuso su primera pieza, el vals "Juanita" a los 12 años. A los 16 es nombrado director de la Banda Municipal de Bomberos de Mayagüez. La danza que le hizo famoso, "Mis Amores".

[10] Roberto Cole (1915-1983), compositor, arreglista, melodista, instrumentista mayagüezano. Se le venera como uno de los mejores compositores de música romántica. Sus más conocidas composiciones son: "Romance del Campesino", "A Mayagüez", "Lirio Blanco" y "Olvídame".

[11] Luis Llorens Torres, laureado poeta de la época, quien escribe el poema "Mayagüez Sabe a Mangó".

En los deportes es el pueblo de los Indios invencibles, el de la Liga de París y el Cholo García, el que ha dado cátedra en el béisbol puertorriqueño. Al que cantábamos:

"Oh Mayagüez invencible, contigo no hay quien pueda, los jugadores que tiene son jugadores temibles y es un caso indiscutible el que contigo se meta, tendrá que tener paciencia para poder resistir el disparo del fusil, que sus jugadores tienen, el disparo del fusil."

Es el pueblo con el mejor centro docente de la isla, que le ha dado reconocimiento internacional por sus excelentes académicos e investigadores de la talla del Dr. Virgilio Biaggi Serra, conocido como uno de los mejores ornitólogos de Puerto Rico y el mundo. Asimismo, el Dr. Juan A. Rivero, científico e investigador de primer orden, con sus múltiples investigaciones en el campo de la zoología. Son sólo unos pocos entre los innumerables egresados de la institución que le han dado a Mayagüez una estela de excelencia, llamado en aquel entonces el Colegio de Agricultura y Artes Mecánicas, hoy el Recinto Universitario de Mayagüez de la Universidad de Puerto Rico, pero para los mayagüezanos seguirá siendo siempre el antes, ahora y siempre, COLEGIO.

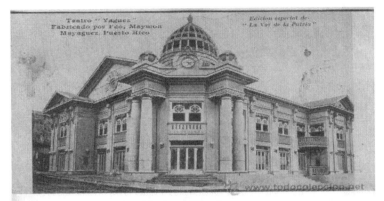

Teatro Yagüez.

Teatro Francés (El Bizcochón)

Mayagüez, el de los obligados paseos dominicales de sus residentes y visitantes de pueblos limítrofes por toda la calle de Méndez Vigo, a observar y disfrutar de las bellas casas de estilos variados, criollas urbanas, neoclásicas, clásicas y barrocas, todas, un esplendor de fina y elegante arquitectura colonial. Muchas de las obras de arte de nuestra arquitectura de esos tiempos fueron realizadas o diseñadas por manos mayagüezanas como don Víctor Honoré, artesano del diseño y construcción, y su hijo arquitecto, Sabas Honoré.

Cuando escuchaba a los familiares hablarme de las bellezas arquitectónicas del Mayagüez de otros tiempos, me percato crudamente de la destrucción y muerte de tanta belleza, de tanta obra de arte enterrada: la casa Mir Suau, frente al Parque Suau, en el viaducto; la casa Boothby Cabassa, con el más bello de los herrajes visto en un balcón; la casona barroca de Esteve- Bianchi y luego Carlo, al lado del Edificio Darlington, majestuosa, distinta, única; la otra casona Bianchi, luego de doña Toña Cabassa, frente a lo que es hoy la funeraria Mayagüez Memorial, con sus vitrales tipo *tiffany*; la casa Bages, y la de don Pepe Sabater, todas éstas en Méndez Vigo Playa.

¡Qué falta de visión hubo de sus dueños y mayormente de los administradores de la época, que no pensaron en el valor arquitectónico de esas propiedades, ni visualizaron el turismo interno y externo que gusta de ver la conservación de sus obras de arte y el error de no declarar en esos momentos una zona de protección histórica a ciertas áreas y edificaciones icónicas de Mayagüez! Hoy tendrían un valor económico y artístico incalculable para sus propietarios, al estar en zonas históricas protegidas y haberlas exaltado a ese rango. No estoy ni puedo estar en contra del derecho a la propiedad privada, pilar de nuestro sistema político y económico, pero sí pienso que pueden vivir armoniosamente ambos si existiese un enlace con el gobierno, la cultura, los empresarios y la participación académica.

Así se hizo en el caso de otras ciudades de Puerto Rico. Si observamos la arquitectura en la cercanía, podemos ver el histórico casco de San Germán con sus bellas casonas. La de don Paco Ramírez, la de don Juan Ángel Tió, la Ramírez de Arellano y Rosell y la histórica Iglesia Porta Coeli y muchísimas otras conservadas y utilizadas como viviendas o museos, que le dan placer a la vista del visitante y valor histórico y cultural a su pueblo. También le dan valor monetario pues es uno de los atractivos para el turismo local y extranjero. Cuando pasamos por el Ponce señorial, de su zona histórica vemos esa amalgama de varios estilos arquitectónicos coloniales donde conservaron lo bello, lo que perdura, lo que no muere, a menos que lo eliminemos. Pensar que la Calle Méndez Vigo fue en sus mejores tiempos la élite de las más bellas casas y casonas coloniales urbanas en toda la isla.

Se aprecia y se reconocen las gestiones que está haciendo la actual administración con el proyecto emblemático de conservación arquitectónica. ¡En hora buena! La restauración de la residencia de doña Pilar Defilló Amiguet, mayagüezana y madre del maestro Pablo Casals[12], la restauración de la Casa Grande, la antigua casona de la familia Rodríguez Campoamor-Santos, el Teatro Balboa y la casa de la familia Lería, (previamente residencia del ilustre don José de Diego) en el barrio La Salud, entre otras. Ya en otra etapa, me encuentro con la excelente noticia

---

[12] Pablo Casals, músico catalán, considerado el mejor chelista del mundo y uno de los mejores directores de orquestas sinfónicas mundialmente. Hijo de mayagüezana y residente de Puerto Rico por muchos años.

que el Municipio de Mayagüez adquirió otras propiedades antiguas en desuso, para su restauración. Entre ellas la que fuese su primer propietario y residente don Ramón Emeterio Betances, posteriormente de la familia Picó, don Francisco Picó y doña Barbanera Fernández y de don Jaime Picó y doña Sofía Piñán, luego conocida por la generación de mis padres y por la mía como la residencia de la familia Morales Díaz en la Calle Post. Dicha casona, la cual don José María Álvarez Cervera en su libro La Arquitectura Clásica de Mayagüez del año 1983 la llama de "construcción vetusta y esmerada conservación". También nos señala que es una "edificación residencial de las más interesantes estudiadas desde el punto de vista funcional y arquitectónico".

Me llena de regocijo, que mientras escribía estas líneas, se haya creado una organización privada sin fines de lucro llamada la *Sociedad Protectora del Patrimonio Mayagüezano*. La misma fue fundada el 19 de agosto de 2015 con el objetivo y propósito de rescatar la memoria colectiva de Mayagüez dando a conocer su pasado, protegiendo y manteniendo nuestro acervo histórico-cultural. Uno de los objetivos de nuestro escrito es similar al de dicha sociedad. El presidente actual y uno de los fundadores es el profesor de Estudios Hispánicos del Recinto de Mayagüez, Alfredo Morales Nieves.

A nuestro primer ejecutivo, a los funcionarios encargados de la conservación histórica y arquitectónica de Mayagüez y ahora también a la Sociedad Protectora del Patrimonio Mayagüezano, les pido, les suplico que, en adición a las propiedades ya adquiridas, no dejen perder ciertas estructuras de amplio valor arquitectónico e histórico que todavía están de pie en nuestro querido pueblo.

Mantengan en pie lo que fuesen las oficinas legales de Santos y Báez, originalmente propiedad residencial de los hermanos Jacobo y Oscar Bravo González y la esposa del último, Rudesinda Monagas de Bravo, actualmente no ocupada y comenzando a deteriorarse. El doctor José María Álvarez Cervera en su libro *La Arquitectura Clásica de Mayagüez*, dice sobre esa propiedad:

> "...así pues, afirmaremos que se trata de la más bella edificación clásica de toda la Calle Méndez Vigo, todo ello, es impresionante"; la casa de la Sucesión Duran Grau- de Celis, residencia donde vivieron por muchos años don Luis Gómez Cintrón y doña Herlinda Monagas de Gómez".

Los edificios de La Bolsa, en las cuatro esquinas, Falagán, en la Méndez Vigo, muy cerca de las cuatro esquinas, donde durante mi infancia y juventud, fuese la tienda Vidal Hermanos; el edificio que alberga las oficinas médico dentales de los doctores Justiniano García, el edificio de lo que albergaba el restaurante *El Estoril*, antes *La Sultana*, con sus paredes ladrilladas expuestas. El edificio construido en cemento armado en 1902, la antigua Casa Parroquial, hoy un hotel, que, en adición a su estructura arquitectónica de valía, tiene un significado histórico incalculable pues sirvió de albergue y refugio durante y posterior al temblor de 1918. He aquí un ejemplo histórico cultural unido al derecho a la propiedad con fines de lucro que se mezclan.

Menciono por último y no menos importante, nuestra querida Casa Amarilla, de amor y de lágrimas, representativa de la elegante arquitectura característica de la época, todavía en pie y muy bien conservada. Ella representa la arquitectura autóctona puertorriqueña y es casa de espíritus nobles.

Percibo, luego de hacer esta minuciosa búsqueda de información, que las ciudades que tuvieron luz propia por su esfuerzo, quedaron rezagadas, dada la centralización monstruosa de las actividades mercantiles, aéreas y marítimas, culturales y sobre todo gubernamentales, hacia la ciudad capital y promovida siempre por el gobierno central. En estos momentos de crisis cuando el modelo actual ha fallado, necesitamos seguir presionando para la regionalización ordenada de la isla. Habría menos congestión en la ciudad capital, más movimiento económico en las distintas regiones, especialmente aquellas con buenos puertos marítimos.

Antes de terminar con este introductorio, debo señalar varios puntos de suma importancia. Dado a que los personajes, edificaciones y negocios que existieron en la época narrada y por consiguiente parte de la historia de nuestro pueblo, la lectura de las notas de referencia sobre ellos, son de medular importancia. Es bueno señalar que describo en la forma más exacta posible lo que la tía Olga me narraba sobre ese tiempo, robustecido por las múltiples referencias consultadas, como libros, revistas, información digital y periódicos de la época. Por último, hay un embrujo de imaginación entrelazado con la realidad. Esa imaginación es pura ficción. Disfruten de esta obra. Aprendamos algo más de nuestro pueblo o del pueblo de nuestros ancestros, que mucha gloria le dio a Puerto Rico.

Casa de José de Diego, luego de la
familia Lería, en Bo. Salud

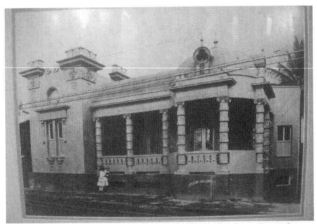

Residencia que originalmente perteneció a Jacobo y Oscar
Bravo. Sus últimos moradores fueron Sociedad
Legal Santos y Báez. Hoy desocupada.

Boda y pasión

Durante un atardecer de diciembre de 1902, cuando el celador de la Plaza de Recreo de Mayagüez, la famosa Plaza del Almirante Colón, comenzaba a prender el alumbrado de gas que portaban las estatuas de bronce o faroleros del lugar, a su alrededor contraerían nupcias la señorita María Luisa Torruella Rousset, hija del fenecido caballero ponceño don Juan José Torruella Mayoral y de la dama francesa doña Marie Rousset Beraud, viuda de Torruella, con el comerciante mayagüezano don Alejandro Bravo González, hijo de don Luis Bravo Pardo, llamado por su íntimo amigo don José de Diego, como "el patriarca" y de doña María de los Santos González Izquierdo de Bravo. La novia, elegantemente vestida, toda de blanco con detalles del mismo color en mundillo de Moca, portaba en las manos unas ramas de naranjo en flor intercalado con azahares[13]. Como única joya llevaba un prendedor en oro macizo, con las iniciales de ella incrustadas en el mismo y en el medio un diminuto pero muy claro y reluciente diamante, regalo del novio cuando se comprometieron.

Fue impactante la entrada de la novia del brazo de su hermano Juan N. Torruella Rousset hacia el altar mayor de la Iglesia Parroquial de la Virgen de La Candelaria, en el centro del pueblo de Mayagüez, donde le esperaba el novio en estricta etiqueta, levita negra, guantes blancos y sombrero de copa alta, como se espera a una virgen en flor. Al lado del novio, como testigo y padrino, su señor padre, don Luis, igualmente vestido en rigurosa etiqueta. Fue la madrina del enlace la señorita Carmen Torruella Rousset, hermana de la novia.

---

[13] Mundonovias.com, 2015. Ramos de novia principios Siglo XX.

**Iglesia La Candelaria, para el 1902, donde
contrajeron nupcias los abuelos**

**Foto de la Iglesia La Candelaria para 2009
Tomada por Manuel Trujillo Berges**

Luego de la emotiva ceremonia, los muchos y distinguidos invitados pasaron a los majestuosos salones del Casino de Mayagüez, en la Calle La Candelaria (McKinley), muy cerca del templo católico, que veintinueve años atrás había fundado el padre del novio junto a un grupo de íntimos amigos. Luego de los saludos protocolares a los novios y los anfitriones, sus respectivos padres procedieron al brindis de champagne ofrecido por el íntimo amigo del novio y su padre, el insigne abogado, político y poeta don José de Diego. Inspirado en su poema "A Laura", les dice:

"...pero quién que haya visto tu hermosura, sabe si es luz de sol o de centella, la que en tus ojos de mujer fulgura, Maya, Maya de los amores de Alejo cuidado que eres cariñosa y bella, como siempre tu amor te ha descrito, y Alejo te dice dulces recuerdos a alentarme vienen, de aquellos lares borinqueños, oh fragancia con la miel, fruto en que la flor se transfigura, sin dejar de ser flor, ¡tierna hermosura! Que la reparte, y es fragancia y es perfume, y símbolo que muestra la natura, la virginal maternidad del arte y dice muy inspirado ¡Amor!, ¡Dolor!, corriente combativa, esperanza inmortal, anhelo santo, ondas de mi alma y ondas de mi vida, fecundidad del llanto, renacimiento de la fe perdida, ¡pomas del bien y rosas de mi canto! Así es el amor, así es la vida.".

Terminado el brindis nupcial, aplaudido en silencio por la certera inspiración del poeta, y bajo los acordes de piano, saxofón y violín, interpretados por el músico ponceño Domingo Cruz, mejor conocido como Cocolía[14] y por el compositor mayagüezano, genio musical, Simón Madera, los novios procedieron a bailar la danza "Sara" que era la preferida del novio:

---

[14] Domingo Cruz, alias Cocolía (1864-1934), afamado músico ponceño director de la Banda de Bomberos Municipal, y músico de la Orquesta Sinfónica de Ponce.

"Oh quiéreme, que yo te juro por mi vida, que yo siempre te querré, te lo juro por el cielo, que yo siempre te amaré".[15]

Fue solicitada al novio para bailar con la novia sus dos hermanos, Juan José, hijo, y José Torruella; por su suegro, don Luis Bravo Pardo; sus cuñados Alfredo, Jacobo y Alberto Bravo González; por su querido tío político Tomás Boothby Tolosa, su tío Ton Ton, por su querido primo hermano Tomás Boothby Rousset y por don José de Diego.

Muy bonito y emotivo se vio cuando los padres del novio, don Luis y doña Santos le pidieron a sus hijos presentes, Jacobo junto a su esposa Sara Quiñones Salazar, Alfredo junto a su esposa Rosaura Cabassa, Alberto junto a su esposa Angélica Franco, Carmita junto a su esposo Francisco Amill, Arturo junto a su esposa Ernestina Castelló, Consuelo junto a su esposo José Miguel Morales y Oscar y su prometida, Rudesinda Monagas, se unieran a ellos, en una danza, para que Alejandro y María Luisa (Maya) se unieran a ellos como símbolo de entrada oficial de Maya, ya casada con Alejandro, a la familia Bravo González. Don Luis y doña Santos querían mucho a Maya desde que comenzó el noviazgo con su hijo Alejandro, hasta el punto, aunque no dicho públicamente, de costear la elegantísima boda.

La comida en su totalidad fue confeccionada por la cocina de E. Franco, empresa española establecida en Mayagüez en el año 1850[16], dirigida la misma por maestros de la buena cocina española y supervisada por don Enrique Franco, su propietario. Los mozos vestidos en sus ropas de gala, repartían chorizos al vino tinto, pedazos en pequeños cuadros de pastelón de atún y diminutos pedazos de coca mallorquina, los

---

15 Ángel Mislán, extractos de la danza "Sara" escrita en 1883.
16 López de Vélez Elena, entrevista, 2015, E. Franco, empresa española establecida en Mayagüez en 1850 por don Enrique Franco.

cortes de carne principales, pavo con paté foie gras, pierna de jamón gratinada, ensaladas variadas y arroz apastelado. De postre el pastel o bizcocho nupcial.

El pastel nupcial llamado Croquembouche[17] era la tarta de novia clásico de Francia, país de origen de la madre de la novia, doña Marie Rousset. Ella pidió a los novios le permitieran ese detalle francés, lo cual los novios complacieron. La traducción de dicho pastel o bizcocho es "cruje en la boca". Es un pastel grande con elegante altura, que en su versión más clásica está compuesto de profiteroles o bolas rellenas de crema pastelera y sujetados por azúcar caramelizada. Su nombre se debe a la sensación crujiente que se siente en la boca al partir los pedazos duros de azúcar caramelizada.

Los novios y sus invitados estuvieron bailando por largas horas: danzas, contradanzas, vals, mazurcas y cotillones.[18] El baile de los novios causó sensación y los allí presentes quedaron maravillados como Alejandro paseaba con tanta naturalidad a su querida Maya por todo el salón arrastrando sutilmente los pies como lo exige ese tan elegante y distinguido baile, tan nuestro. Maya con su abanico[19] en mano parecía cisne en laguna. Allí se escucharon y bailaron danzas de Tavares, de Morel Campos, de Mislán y por supuesto de Simón Madera, entre otros. Los sonidos al piano, violín y en ocasiones del saxofón de las danzas "Sara", "Georgina", "Laura", "Mis amores" deleitaban los sentidos auditivos y el elegante movimiento de los bailarines.

---

[17] Wikipedia.org, Croquembouche: pastel de bodas y grandes eventos sociales en Francia a finales Siglo XIX y principios Siglo XX.

[18] *Enciclopedia de Puerto Rico*, "Música puertorriqueña y su historia", piezas de salón aceptadas para bailar la clase social alta.

[19] Abanico, utilizado por las damas en el baile de la danza. Lo exhiben durante el paseo.

Cabe destacar, no puede pasar por alto como el espigado y elegante negro ponceño tocaba el saxofón durante las piezas de danza, danzón y vals. Se quedaba con el salón en dichas interpretaciones. Se comentó entre los presentes y muy especialmente entre las damas que ese elegante saxofonista, se llamaba Domingo Cruz y mejor conocido como Cocolía. Era un famoso músico, quien en ese tiempo tocaba en la reconocida Orquesta Sinfónica de Ponce y en la Banda de Bomberos de la misma ciudad de la cual era su director.

Se comentaba en los corrillos del Casino y luego en otros lugares que asistía la sociedad mayagüezana que esa noche dicho músico quedó prendado de un "amor imposible" de una mujer de la sociedad, casada. Razón por lo cual comenzó a visitar constantemente a Mayagüez con la excusa de compromisos musicales. En las retretas de la Correccional, en las del emblemático Parque Suau, en los días festivos y en las de la Plaza de Colón, en competencias musicales y en bailes de alta alcurnia de Mayagüez para ver o tratar de ver su "amor imposible". Más tarde ese amor imposible se convirtió en una verdadera novela de amor, del creído imposible, preñado de lujuria, escape, pasión, sangre y escandalo social.

Si maravillados quedaron los presentes como bailaban los novios, más asombrados quedaron muchos al ver al padre del novio junto a su señora esposa cuán exquisito y elegante bailaba él la danza, tan nuestra, no siendo ni puertorriqueño ni caribeño. Todo tenía su explicación. Ya que le comentó a su hijo Alejandro que la danza de Puerto Rico, así como el danzón cubano son piezas de baile que tienen un origen en el folklore judío; y por ello había bailado desde niño, ritmos muy parecidos. [20]

En un momento de la recepción, los novios se escaparon, abandonaron la animada actividad y partieron en un elegante coche hacia su nido nupcial donde disfrutarían sus primeros días de casados a dar rienda suelta a su incondicional amor. Pasaron esos días en la playa de Guanajibo, un sector costero del pueblo de Mayagüez, colindante con el barrio Joyuda de Cabo Rojo. Dícese en frase pueblerina de ese sector que "hasta las aguas cantan". Dicha casa de playa, propiedad de don Luis Bravo Pardo y doña Santos, era utilizada por la familia para pasar los veranos. La misma era muy cómoda, muy cerca del mar y perdida en pinos, árboles de almendro, guayabos y enredaderas de uvas de playa.

La novia iba muy preparada con su ajuar de doncella, toda la ropa de dormir y arrullarse, todo cosido y bordado por sus hermanas Carmen y Malen, donde no faltaba la toallita blanca bordada para ese momento sublime del desflore de amor y de lágrimas. En esos días de pasión, él le decía "este amor que ha sido flor donde la luz se impone, la inocencia brilla" y entre arrullos y besos y los murmullos del mar de cómplice, él le recitaba al oído:

> "...aún me enaltece el lánguido murmullo de tu primer arrullo (...) Oh fruto en que la flor se transfigura, sin dejar de ser flor, tierna hermosura, por qué muda, si aún la pasión en mis entrañas arde".[21]

En las bellas mañanas mojaban sus pies en el mar transparente y a lo lejos verde azul, mar como lengua

---

[20] Wikipedia.org, una de las teorías del origen de la danza de Puerto Rico y Cuba es que fue derivada de los bailes de los judíos no conversos de España, de sus bailes folclóricos.

[21] José de Diego, "A Laura", extractos del poema.

de plata lamiendo sus pies y en las tardes de sosiego, viendo muy amorosos y arrullados la puesta del sol más bella del atardecer borincano. Observaban ese atardecer cuando el sol se va escapando ardiente como fuego lejano hasta desaparecer. El atardecer occidental de nuestro terruño es el más bello e impresionante que podamos observar.

Desde Guanajibo a Joyuda es un espectáculo gratuito que nos regala el Creador y su naturaleza. Es un cuadro pincelado por el Todopoderoso donde el sol va cambiando sus matices anaranjados y tirando destellos como pinceladas a su obra. Donde el mar y el cielo se hacen cómplices de tan espectacular obra de arte hasta que se unen, tal como Maya y Alejandro.

Los enamorados salían a los alrededores cubiertos de una bella arboleda y él le decía:

> "...bajo la sombra de un árbol, me hallaba casi dormido, que hermosa estaba la tarde, los árboles eran trinos, volaron mis sentimientos, colgados de un suspiro..."

Ella le contestaba:

> "No hay quien cante en esta tierra, como los pájaros cantan, son libres de darse al viento, son libres de la palabra, ser uno más en el aire, así me siento y no me espanta".[22]

Fueron días de pasión, de ternura, donde se unieron dos cuerpos y un alma para siempre.

---

[22] Peteco Carabajal, "Bajo la Sombra de un Árbol", extracto, música y letra.

Bello atardecer en Guanajibo-Joyuda.

Foto de la playa de Guanajibo, Mayagüez

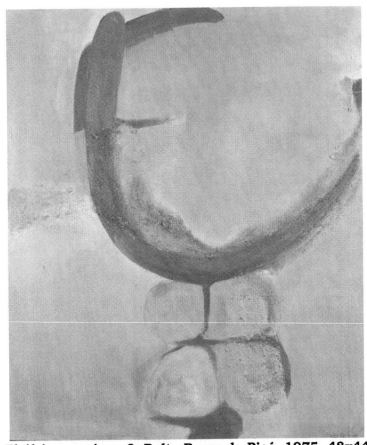

El último cacique 3, Delta Bravo de Picó, 1975, 48x44

La Casa Amarilla

Tiempo antes de la boda, unos seis o siete meses, el abuelo Alejandro comprometido con María Luisa, su amada Maya, compró un solar a su padre en Mayagüez Playa, en Marina Meridional, en la Calle Méndez Vigo, número 260 oeste, donde comienza a construir lo que sería el nido de amor y hogar de su proyectada familia. El objetivo era que la casa estuviera lista para cuando se casaran.

La casa se terminó de construir en los primeros días del año 1903. Tiene un cómodo balcón hecho en mampostería, con reclinatorios sostenidos y balaustres gruesos de la misma composición. Los balaustres de un estilo sencillo pero muy bonito y losas criollas auténticas que le dan un alegre colorido. Al mirar la casa de frente nos encontramos con dos entradas a cada costado, resguardados por portones en hierro, construidos en el taller del joven Simón Carlo Ortez,[23] que nos llevan a cada lado a sencillos jardines de rosas y violetas y madreselva trepando seguras en las verjas ladrilladas, cuyas hojas ovaladas, verde claro contrastan con el color principal de la casa, amarillo pastel. La Casa Amarilla construida para Maya. La madreselva verde de esperanza, el amarillo de alegría, las losas multicolores le dan al visitante un aire de recibimiento tropical. Por ambos lados, al pasar los jardines tenemos que subir tres escalones y girar hacia nuestro lado opuesto y estamos ya en el balcón.

El balcón muy utilizado por la familia en las horas de asueto, servía como medio de comunicación constante con vecinos y conocidos que paraban a saludar a la elegantísima Maya sentada en su sillón y abanico

---

[23] Googles.com., Simón Carlo Ortez, experto artesano mayagüezano en trabajos en hierro. Fundador Fundición Simón Carlo.

en mano. En la Calle Méndez Vigo de esa época pasaban comparsas durante el tiempo del famoso carnaval mayagüezano, todo tipo de manifestaciones políticas con sus correligionarios caminando muy animados detrás de sus líderes del Partido Unión y luego Liberal y del Partido Republicano y las procesiones religiosas que los residentes de dicha calle esperaban ansiosos en sus respectivos balcones. En el medio del balcón y de la estructura de la casa encontramos la puerta principal, en caoba de doble hojas con celosías pequeñas en ambas, y en los montantes cristales ovalados opacos utilizando cerchas[24] para incrustar dichos cristales. La puerta al abrirse ambas hojas se ve elegante pero no ostentosa.

La casa fue construida en madera sobre un podio de mampostería y estructura de un nivel. El techo en dos aguas de zinc corrugado con tablas y estructura en madera que le sostiene. La madera de la estructura de la casa en cedro, traídas en su mayoría desde el puerto de Chicago, Illinois, donde el abuelo representaba una casa mercantil que exportaba madera a Puerto Rico, específicamente al puerto de Mayagüez. En esos tiempos la prohibición de corte de madera en la isla favorecía este tipo de negocios. La razón de esta prohibición fue el desmonte inmisericorde en los siglos anteriores.[25] Al entrar a la casa nos percatamos que los pisos de la sala y el comedor eran en lozas criollas diminutas, llamadas tesetas, distintas a las del balcón y la terraza que son sustancialmente más grandes, las que comúnmente se conocen como las típicas losas criollas. Las ventanas, que las vemos alrededor de la casa y al frente, dos de ellas a cada lado de la puerta principal, hacen contraste y de similar estructura a la puerta de la casa. En caoba del país,

---

24 *Farlex*, Diccionario Libre Digital, 2015, Cercha, armazón de madera o metal que se usa como plantilla para construir un arco u otra estructura curva.
25 Carlos Domínguez, *Panorama histórico forestal de Puerto Rico.*

de doble hojas que abren hacia afuera con sencillos tablones. Las ventanas, al abrirse, ofrece al visitante un sencillo aire de elegancia. Otras ventanas en cristal con bellos vitrales tipo *tiffany* que abren hacia adentro siguen a los ventanales de madera. Si dejamos esas ventanas vitrales cerradas y las que abren hacia afuera abiertas, especialmente las del frente, se pueden observar las ventanas interiores (los vitrales), una verdadera obra de arte.

Cuando entramos por la puerta principal, nos da a un área grande, amplia, que comienza en la sala formal y de ahí pasamos al comedor, dividido por un medio punto en madera, muy común en esas casas de ese tiempo. La sala tenía un juego isabelino de medallones trabajados en caoba y pajilla. Consistía de amplio sofá y dos piezas adicionales, uno un sillón y el otro una butaca, una mesa central rectangular en caoba con patas elegantes y tope en mármol. A ambos lados del sofá, mesitas más altas y más pequeñas, pero similares en su construcción. En la sala, en una de sus paredes había un espejo muy grande y en otra pared una pintura paisajista de un tal López de Victoria[26] de los López de Victoria de Fausto, el de Isabelita. Era una pintura paisajista muy bonita, una acacia rosada pintada al óleo. Casi pegado a la pared del punto medio, el piano de la abuela con su mesita de poner la música a su lado derecho. La abuela tocaba un piano precioso desde niña. Tía Olga me contaba:

"Me acuerdo como ahora escuchar el piano y mamá tocando la danza Sara, preferida de papá, probablemente en honor a su abuela paterna, Sarah Pardo, judía sefardita quien murió de cólera en Mayagüez".

---

[26] Laura Bravo y Rafael Jackson, *Revista Digital: Mayagüez sabe a mangó*, 2014, José López de Victoria (1869-1939), laureado pintor mayagüezano principios del siglo XX.

La otra bella melodía que interpretaba con frecuencia era la danza "Tu y yo", que se la dedicaba al abuelo. Esa danza tan romántica tenía versos de Bécquer y música de Ángel Mislán:

> "...cendal flotante de leve bruma, rizada cinta, de blanca espuma, rumor sonoro, de arpa de oro, besos del aura, onda de luz, eso eres tú".

Dividen la sala del comedor en el punto medio una cornisa de madera, con cierto trabajo repujado, muy sencillo, en la misma madera de caoba, pero esta probablemente traída de los campos de Moca. Estaba pintada de blanco como todos los detalles de la casa. Tanto el techo de la sala como la del comedor, muy altos y ovalados estaban pintados del mismo color.

De cada uno de los techos bajaba una lámpara. La de la sala una muy elegante de lágrimas en cristal de roca y la del comedor bajaba una pieza con unas cadenas pequeñas hasta conectar con la bella y muy grande lámpara tipo *tiffany* que llegaba hasta cerca del centro de la mesa del comedor formal.

Los muebles del comedor, haciendo juego con los de la sala en caoba y pajilla con una mesa bien grande. Iba ampliándose según iban naciendo más hijos, me contaba la tía, de las mesas en madera que se ampliaban con facilidad añadiendo hojas de madera a la misma, preparadas desde un principio con ese propósito. En una de sus paredes un reloj de péndulo y carrillón que daba las cuartas, medias y en la hora exacta después de dar las campanadas de las horas tocaba un carrillón muy bonito. El abuelo era quien le daba cuerda. Ese fue el regalo de bodas de don José de Diego y esposa a mis abuelos para su boda. Ese reloj lo conserva la familia. Primero pasó, como era la costumbre, a su hijo mayor, Alejandrito. Al morir el abuelo y al morir éste pasó a su hija, quien aún lo conserva.

El cuarto recibidor que apenas en sus primeros años se usaba y que nos llevaba de seguido a la sala formal en área abierta. Esa área o cuarto recibidor, que era similar a los demás cuartos, fue cerrada posterior a la muerte de la abuela. Se convirtió esa área en parte importante para el abuelo y sus amigos, el cuarto de "reflexiones", según decía. Se transformó en una elegante barra, muy bien diseñada y construida. Allí se bebía desde el ron mayagüezano, Ron Superior Puerto Rico, fundada su destilería en 1909, por don José González Clemente, el Ron Don Q, producido en Ponce por la familia Serrallés desde el 1886[27]. las distintas clases de licores producidos por las buenas destilerías de Mayagüez, tales como la Cedó y la Marín, el whisky escocés y el vodka ruso, no podían faltar. El abuelo se reunía con frecuencia con sus familiares y amigos a "reflexionar". Así aparentemente se le llamaba en los tiempos de la prohibición, pero en casa de don Alejo, nunca hubo prohibición, lo que habían eran buenas sesiones de "reflexión", donde se hablaba de los temas de siempre, arreglando el mundo en varias horas, mencionando anécdotas y discutiendo sobre los interesantes temas de política. Sobre estos últimos, debemos mencionar que seguiremos hablando hasta que *el Colón de la Plaza baje el dedo*, pues ese es nuestro mejor deporte. Las mujeres o esposas no acompañaban a los maridos a las "reflexiones" y ni las hijas del abuelo podían entrar a dicho salón. Era un salón estrictamente de hombres con el gran deseo de "reflexionar" por el bien de ellos.

Entre los que frecuentaban la casa a "reflexionar" estaban los hermanos Alberto, Oscar y Jacobo y Vicente Boscana, vecino y esposo de su prima hermana Sarah Bravo Rosselló; sus amigos Enrique Enríquez, jefe de Aduana; don Pepe Cintrón; don José Sanjurjo,

---

[27] Wikipedia.org, "Historia de los rones de Puerto Rico", 2015.

don Juan Rullán; su padre Luis Bravo Pardo y esporádicamente junto a su padre don José de Diego; sobrinos mayores, tales como Luisito Bravo Rosselló y
Albertito Bravo Franco, su ahijado y sobrino más
apegado y querido.

Albertito era tan querido por el abuelo que se querían como padre e hijo. En un momento triste y
amargo para Albertito, en esas cosas que el destino
nos depara, el abuelo lo llevó a vivir a La Casa Amarilla como otro hijo más.

Descrita la parte del frente de la casa, pasamos a
la parte posterior donde salimos del comedor por dos
puertas hacia la terraza donde de frente nos encontramos con el jardín, el jardín que tanto le gustaba
cuidar a la abuela. Era en forma de "U".[28] Sus pisos
eran en losa criolla. Esa U la formaban la terraza y
los pasillos situados a cada lado de la estructura de
la casa, en el material descrito, y de un lado, contiguo
al comedor el cuarto de los abuelos y al otro lado la
cocina seguido en ambos lados por baños y los restantes cuartos, los de los hijos. La cocina era como
un cuarto cerrado con una puerta que daba al comedor. También, en forma de U, había un mueble en
madera de lado a lado, con algunas gavetas y en el
tope, lozas y una parte en mármol para partir los cortes de carne. Los pisos estaban constituidos del
mismo tipo de losas que componían el tope. Las losas, algo más pequeñas que las losas criollas del balcón, del mismo tamaño que las de la sala comedor
pero distintas en diseño, eran más rústicas. Tenía un
horno de gas y un fogón de carbón para hacer algunas carnes, y en sus principios una nevera que se
alimentaba con bloques de hielo todos traídos de la

---

[28] Forma de "U", utilizado mucho en la arquitectura romana. Luego
pasa a toda Europa y de allí a las Indias (América).

planta de Valdés.[29] De la cocina salían olores exquisitos. Había una cocinera, la que más tiempo estuvo, se llamaba Rosario y le decían Sallo. Cocinaba muy bueno, siguiendo las direcciones de la abuela y luego de la tía Malen.

El cuarto del abuelo, fue el del abuelo y la abuela y luego solo del abuelo al deceso de ella, era el primero de uno de los pasillos, el más grande. La cama era alta y de pilares. El cuarto tenía una puerta y doble ventanal, de las ya descritas. La coqueta de la abuela era un bello mueble en caoba. En el mismo medio abajo era de mármol gris veteado, tres gavetas a ambos lados, su parte superior del mismo mármol vetado y un espejo alto incrustado en la madera de caoba. Nunca he vuelto a ver un mueble tan bien trabajado y tan bonito. Una verdadera belleza artesanal, otra obra de arte. La silla en caoba tenía un espaldar corto. Había en el lado del abuelo un espejo grande enmarcado en madera, al lado un sombrerero, mueble para enganchar sombreros, y el gabán de turno.

El jardín en medio de esa U era muy bonito, hasta el punto que una de las hijas menores de los abuelos, Delta, le escribió un bello poema que habla de su árbol de ilán, ilán, de la madreselva dorada, de las rosas y las violetas. Además, tenía palmeras ornamentales y colgaban de algunos árboles matas de orquídeas entre otras plantas y flores. En el medio del mismo tenía un quiosco donde la familia y amistades se reunían con frecuencia. Un poco más atrás del patio ladrillado, se encontraba el patio sembrado de árboles frutales y un árbol de mangó muy grande acercándose a la pared trasera que colindaba con la Calle Marina, la calle donde hasta recientemente tuvimos

---

[29] Wikipedia.org, 2015, Ramón Valdés, fundador en 1920 de la primera planta procesadora de hielo en Mayagüez., la Mayagüez Power Light and Ice Company. Padre de Ramón, Alfonso y Sabino Valdés quienes años más tarde fundan la Cervecería India, hoy Cervecera de PR.

el legendario Teatro Carmen. De estos árboles frutales se hacían muchas jaleas y mermeladas para comerse como postre. Entre otros, de guayaba, de chinas, de lechosa y de limón.

Ese jardín en forma de U era característico de las casas grandes de esa época en Mayagüez, pues muy bien recuerdo la casa de Tomás Boothby Rousset, primo hermano de mi abuela y padrino de mi padre, la casa de la familia Falbe y otras con esa estructura y un jardín en el medio. Esa influencia es europea, originalmente de Roma, luego llevado a otros lugares de Europa, incluyendo a España, y más tarde exportado a sus colonias en América.

Una vez descrita la casa, en su exterior e interior es necesario mencionar, por su estructura y diseño, otras casas de la misma época en la zona urbana de Mayagüez porque añaden a la descripción del entorno y belleza de la Casa Amarilla.

Había en Mayagüez casas criollas y casas criollas con detalles neoclásicos, casonas neoclásicas y casonas barrocas.

Las casas de arquitectura barroca eran aquellas de forma diferente e irregular, de líneas irregulares, curvas, elipses y espirales, de conjuntos exuberantes.

La neoclásica nació como reacción al exuberante y exagerado estilo barroco, más natural y con algunos rasgos clásicos, estilísticamente románticos, que incluía aspectos eclécticos o diversidad de estilos, que exaltaban la sencillez y claridad.

Las casas criollas eran generalmente de madera toda o de mampostería y/o ladrillo una parte y el restante de madera, balcón o pórtico amplio corrido a lo largo de la fachada dando directamente a la calle o acera, techo a dos aguas, puertas, varias en su frente.

El mejor ejemplo de una casa de arquitectura barroca que existió en Mayagüez fue la casona Esteve-Bianchi y luego Carlo, que quedaba al lado del edificio

Darlington, hoy desafortunadamente destruida. Una pérdida muy sentida. Esta era una casona enorme, exuberante, con gruesas columnas, otras menos, líneas irregulares, varios balcones exteriores totalmente disimiles, unos de tipo cuadrados, otros de tipo media luna, trabajo muy rebuscado.

La casa Mir Suau, ya tristemente destruida también, frente al desaparecido Parque Suau, cerca del viaducto, es otro ejemplo. Aunque mantenía algunos detalles criollos, como su estructura en madera del país sobre podio de hormigón, la forma de las columnas, sus exquisitos balaustres en mampostería decorativa, sencillos pero elegantes, la llevaron a ser considerada una obra neoclásica con características criollas. Para más detalles citamos a Wilbert Pagán en su página, *Arquitectura e Historia de Mayagüez*, sobre esa propiedad:

> "...su ensamblaje es en forma de acoplamiento, usando las técnicas de la ranura, lengüeta y la espiga, las columnas de tipo corintio".

La desaparecida residencia Boothby-Cabassa, con cierto estilo romántico no rebuscada, ni ostentosa, sus balaustres en hierro exquisitamente clásicos, al igual que sus ventanales, su patio en forma de U con una preciosa fuente de agua, es considerada también otra casa neoclásica.

En cuanto a la Casa Amarilla, la podemos considerar una casa criolla (construcción en madera y podio en mampostería y balcón dando a la acera) con ciertos enlaces neoclásicos, como el estilo del balcón, no alargado hacia toda la fachada (característico de las casas criollas) más bien creando un balance entre cuadrado y horizontal, con dos entradas y sendos jardines a cada lado, su balaustrado en mampostería, muy bien trabajado, sus puertas y ventanas, con segundo ventanal a través de toda la casa tipo *tiffany* y por su jardín en medio del patio en forma de U.[30]

Dicha casa, muy bien construida aguantó los embates del terremoto de 1918, sirvió de refugio para maestros y estudiantes de la escuela Riera Palmer y todavía está en pie. Luego de haber pertenecido por muchos años a la familia Bravo Torruella, fue por otros años propiedad de la familia Benavent, donde tanto el padre Arturo y posteriormente el hijo Harvey tuvieron residencia y consultorio médico dental. Hoy pertenece a la familia Mamery y le llaman Casa Azul, pues está pintada de ese color y es utilizada por su arrendatario, el señor Alex Pagán, planificador de eventos sociales y culturales, para actividades contratadas a él. Está muy bien decorada guardando en lo que le es posible su parecido original.

Sin importar ahora que clasificación arquitectónica le di a la Casa Amarilla, quien mejor la describe es Delta Bravo, la sexta de los hermanos, al cumplir ochenta años, quien escribe el poema que le sigue.

Voy a amarrar mis recuerdos

Voy a amarrar mis recuerdos
No se sigan escapando
Voy a amarrar los recuerdos
De tantos y tantos años.

Así viviré de nuevo
Las horas que ya pasaron,
Mi infancia, mi juventud,
Mis padres y mis hermanos

---

[30] Véase en Googles.com, casa urbana criolla con enlaces o detalles neoclásicos La casa Bravo Torruella.

La linda Casa Amarilla
Con su patio ladrillado,
El árbol de ilán, ilán,
Y el jardín todo sembrado
De rosas y de violetas
Y madreselvas doradas.

Cierro los ojos y veo
El quiosco en medio del patio
Cubierto de enredaderas
Donde de niños jugamos.

¡Cuántos collares de flores
Tejimos bajo sus ramas!
¡Y cuántos sueños de amor
Hilvané muchas mañanas,
Cuando todavía el rocío
Humedecía las plantas!

En noches de luna llena
Yo recorría mi patio
Inventándome un poema
O una copla tarareando.

¡Cuántos recuerdos me vienen
Que yo creía olvidados!
¡Cuántos días, cuantas noches
Cuantos sueños realizados!

Y para vivir de nuevo
los tiempos que ya pasaron
Voy a amarrar mis recuerdos
No se sigan escapando.

Foto del reinado del Carnaval del Casino de Mayagüez, año 1923, donde fue reina María Luisa Bravo Torruella (Yiya)

Foto de la Inmaculada donde estudiaron "las muchachas".

El almacén del abuelo

Al momento del abuelo abrir su almacén, entre los años de 1892 y 1894, en un local en Marina Meridional de Mayagüez Playa, localizado en la calle detrás de la famosa Calle Comercio, posterior a lo que fueron los almacenes de la firma de Primitivo Grau e hijos, la licorería de don José González Clemente, la del conocido Ron Superior Puerto Rico y de F. Carrera y Hnos. En esa calle también se encontraba otro edificio de don Primitivo Grau y familia, donde producían el Ron Caneca, muy consumido por los campesinos de esa época y un Almacén de J. González Clemente donde guardaban las cajas ya empacadas de Ron Superior luego de su producción y previo a ser entregado a sus clientes. En tiempos pasados, a esa área, se le conocía como el sector Buenos Aires. Hoy le llaman a dicha calle, Comercio Interior. El almacén del abuelo estaba cerca del conocido puerto dada la naturaleza comercial del mismo.

El puerto de Mayagüez era uno de los más prósperos en Puerto Rico, si no el más próspero. Dícese que en 1858 el Puerto de Mayagüez era el más importante de toda la isla en cuanto a comercio se refiere. El café y el azúcar eran altamente cotizados en los EE.UU. y otros países. De hecho, según los datos históricos, Mayagüez fue el pueblo de Puerto Rico que primero tuvo una planta procesadora de azúcar blanca refinada.[31] Dicho auge y empuje económico a causa de su exitoso puerto hizo que la población creciera y llegaran a Mayagüez inmigrantes, franceses, dominicanos, venezolanos y españoles.[32]

---

[31] Silvia A. Aguiló, 1993, *Notas para la Historia de Mayagüez*. Fue el primer pueblo que tuvo azúcar blanca refinada.
[32] Ibíd. Dado al auge del puerto y su pujanza económica hubo una inmigración grande hacia Mayagüez de personas cuyo origen era Europa, América del Sur y del Caribe.

Muchos de los hacendados que vivían en pueblos limítrofes se mudaron a Mayagüez, tales como don Mateo Fajardo, don Alfredo Ramírez de Arellano, don Juan Bianchi, entre muchos otros, que contaban con sus centrales azucareros y grandes sembradíos de caña en jurisdicciones cercanas. De la industria del café también se mudaron a Mayagüez desde Yauco, corsos, canarios y mallorquines que mantuvieron sus fincas y casas de campo en Yauco, pero sus residencias principales fueron trasladadas a Mayagüez. Entre otros, los Mattei, los Mariani, los Olivieri, los Dies.

En referencia específica al azúcar, Mayagüez y sus pueblos adyacentes tenían cuatro centrales azucareras: por el sur Central Eureka, de la familia Fajardo; la Rochelaise en Mayagüez de Oscar Bravo, hermano del abuelo; por el norte en la frontera entre Añasco y Mayagüez, la Central Igualdad de don Alfredo Ramírez de Arellano Rosell; y algo más al norte la Central Coloso de la familia Bianchi.

En los comienzos del negocio el producto principal y más importante en el almacén del abuelo era el azúcar, la azúcar blanca refinada en sacos que vendía al por mayor en Puerto Rico y en ciertas islas adyacentes. Concluyo que dicha azúcar provenía de la producida en la Central Rochelaise, propiedad de su hermano Oscar.

Consumada la invasión norteamericana, se amplía el puerto de Mayagüez, añadiendo la Mayagüez Dock and Shipping Company, mejor conocida en nuestro argot como La Doc, que impulsa la economía.

Posterior a la invasión y cambio de soberanía, comenzó el abuelo a exportar en grandes cantidades el azúcar a varias partes de Estados Unidos. Bien, a comienzos del siglo XX, dada la seriedad del abuelo en los negocios y de las muy buenas relaciones ya establecidas por él con las autoridades portuarias norteamericanas, le ofrecen de una firma con sede en

Chicago, Illinois, la representación de barcos que traían madera de ese puerto a Mayagüez para construcción de todo tipo.

Extensión del puerto, "la Dock"

Listado de negocios para los últimos años del siglo XIX

El negocio se convirtió rápidamente en uno muy lucrativo debido a la prohibición de la tala de bosques bajo el régimen español, acción continuada por el nuevo régimen ya que la destrucción de los bosques fue producto de la cruel y desmedido corte de árboles desde el siglo XVI hasta finales del siglo XIX, con la anuencia de las autoridades locales españolas, no así de la corona.[33]

Esta situación hizo que la mayoría de la madera fuera traída en barcos a Puerto Rico y en este caso a Mayagüez. No tenemos duda de que la madera utilizada en la Casa Amarilla, en su mayoría, provino de los Estados Unidos, en los barcos que el abuelo representó. Por otro lado, la caoba (entre otros ejemplares) utilizada provino de los bosques de Moca, aunque en forma limitada. El abuelo siempre decía y las tías lo repetían, una que otra madera fue traída de Moca. Moca tenía sembradíos variados de árboles para madera.

Unos años más tarde consiguió la representación de la casa Swift, compañía que abrió en el 1855 y se incorporó en Chicago, Illinois., en el año 1875. Dicha compañía había comenzado dentro de la industria del empacado de carnes. Posteriormente amplió a los productos lácteos, como la mantequilla y la óleo margarina Blookfield. Traía también quesos de la misma marca y carnes enlatadas de la marca Swift, muy especialmente el jamón enlatado. La familia Bravo Torruella mantuvo sus negocios con esta compañía por más de 100 años, hasta un poco antes de la muerte de Orlando, el tío, acaecida en 1972.

No me puedo olvidar cuando comenzaron a embarcar a Puerto Rico los famosos pavos Butterball, supuestamente procesados en mantequilla. Desde entonces, no compramos otro pavo que no sea de esa

---

33 Véase a Carlos Domínguez, 2000, Panorama histórico forestal de Puerto Rico.

marca. Al comenzar cada noviembre siempre le digo a mi esposa, acuérdate que sea Butterball, aunque te cueste un poco más, pues como tiene mantequilla, es más jugoso. Puede que sea puramente promoción y nada más y estrategias de mercadeo, pero a mí no me saben igual los de otras marcas.

Esos tres productos con tan poca competencia hacían que cada vez el almacén del abuelo prosperara rápidamente. Tenía otros productos de venta al por mayor, de importancia secundaria y sin exclusividad, aunque le dejaban muy buenas ventas. Según prosperaba el negocio, prosperaba la familia y el abuelo ofrecía más vida social a sus hijos y a él.

Dada la cercanía del almacén y la casa de residencia, el abuelo bajaba y subía a pie hacia el mismo. En muchas ocasiones, en las tardes, luego de cerrar el almacén paraba en Franco, "reflexionaba" un rato con sus amigos y compañeros comerciantes y luego llegaba a la casa con yemitas, almendras acarameladas y otros dulces para los hijos, que lo esperaban ansiosos para el recibo de esas golosinas.

La Aduana, principios siglo XX

Calle Comercio, principios Siglo XX.

Los hijos, frutos del amor...
y otros hechos

Fueron ocho hijos los que tuvieron la abuela Maya y el abuelo Alejo. Si seguimos el estricto orden de nacimiento, tenemos a: Alejandro, María Luisa (conocida por muchos como Yiya), Dora, Olga, Orlando, Delta, Lygia y Héctor.

Aproximadamente a los dos meses de casados comenzó la joven Maya a sentir cierto malestar, náuseas, vómitos secos y antojos. Rápido se llamó a la comadrona y "médium" de Mayagüez Playa, la famosa doña Chele, Mercedes Rivera Chaluisán, quien había traído al mundo a medio Mayagüez Playa con mucho éxito. Se decía también que averiguaba el sexo de los niños si así los padres lo pedían, y otros trabajos más. Don Alejandro envió a doña Sallo, la cocinera y empleada de su confianza al otro lado[34] a buscar a doña Chele. Doña Chele tempranito al día siguiente cruzó el puente de la playa y tomó la Calle Méndez Vigo y se presentó en casa de don Alejandro conforme a la petición. Con la anuencia de don Alejo, aunque no creía mucho en esas cosas, se hicieron las debidas ceremonias y toque de barriga. Como parte del ritual, se tomó la cadena en oro de la leontina de don Alejo, la movió varias veces frente a y en la barriga de doña María Luisa, doña Maya, y dijo sin titubeos:

> "...está preña, va a tener un varón y el varón nacerá allá para cuando comienza el frío de la navidad. Cuídenla, cuídenla mucho, que no será un parto fácil, el bebé será muy grande".

---

[34] "El otro lado" es una frase pueblerina para distinguir entre los residentes y negocios de la Calle Comercio y la Concordia. Ambas eran separadas por el puente del Rio Yagüez. Los llamados del otro lado eran los que vivían en la Concordia.

Don Alejandro, el Abuelo, que no creía mucho en predicciones de esa índole, sabía que su esposa estaba embarazada pero lo que no sabía era el sexo de la criatura. Se puso muy contento pues dijo, este es fruto de nuestro amor y será quien mantendrá el apellido vivo por mi línea. Comenzado el mes de diciembre de 1904, posterior a Maya haber estado acostada varias semanas por todo lo que había engordado, sus piernas muy hinchadas y su constante cansancio, nació el primer hijo del matrimonio. El parto duró más de 48 horas y la partera necesitó ayuda adicional para completar su labor. Una vez nació, nació criado pues pesó sobre 11 libras y le pusieron de nombre Alejandro. Se parecía mucho a su padre. Según de alegre nació, así su madre sufrió, quedó por varios días extenuada y muy adolorida.

Al momento de su nacimiento, ya su madre, la abuela Marie o Betín, como le decían sus nietos, y sus hermanas Carmen y Malen habían comprado telas, mundillo en Moca para hacerle el canastillo al bebé que lo complementarían con ropa comprada al taller Fabre, taller que confeccionaba ropita para bebé para exportar desde Mayagüez, pero que guardaban una cantidad para vender al detal.

Algo más de un año después de Alejandrito, y posterior de haberse preparado bien todo lo concerniente a la ropa del o la bebé, nació la primera mujer del matrimonio Bravo Torruella. Según acordado llevó el nombre de su madre, María Luisa. El primer hijo llamó mucho la atención por su peso, su salud, su fuerza. Ésta llamó la atención por su belleza. Cutis de porcelana, ojos almendrados, pelo rizo castaño. ¡Qué mucho se parecía a su madre Maya y a su tía Carmen! Tan pronto el abuelo la vio dijo: "esta belleza será al igual que su tía Carmen, otra reina del Casino". La tía Carmen había sido reina varios años atrás de los Juegos Florales del Casino de Mayagüez.

Del apodo Maya de su mamá, le decían Mayita, de Mayita, Yita, y de Yita, Yiya como se le conocería por familiares y amigos. Yiya al igual que su madre desde niña le gustaba mucho la jardinería y muy especialmente la siembra y cultivo de las flores. Tenía una mano especial para ellas. Decían que tocaba las matas y estas florecían.

Unos meses después de nacida Yiya, ya venía en camino otro bebé. Con dos hijos muy pequeños y otro en camino, ya a Maya y la niñera se le hacía algo difícil atender a los niños, más el que venía, le estaba dando mala barriga. Es cuando para beneficio de ambas partes decidieron los abuelos pedirle a doña Marie, la madre de la abuela Maya o Betín, como le decían los nietos, que se mudara a la Casa Amarilla a vivir con ellos.

Doña Marie ayudaba a Maya con los niños, a la vez, ahorraría el pago de alquiler, pues su condición económica había desmejorado significativamente luego de la muerte de su esposo, Juan José Torruella Mayoral, ayudante de ingeniería en centrales azucareras. Ya no había un sueldo fijo y le quedaban 2 hijas por terminar de criar. Sus ahorros se habían acabado. Fue una decisión que ayudó a ambas partes y desde esa fecha se integraron a vivir en la Casa Grande Amarilla, doña Marie Rousset vda. de Torruella, la querida Betín y su hija Magdalena, conocida como Malen. Carmen se fue a vivir a casa de sus tíos don Tomás Boothby Tolosa, su querido tío Ton Ton y doña Sylvia Rousset de Boothby, hermana de doña Marie, quienes vivían en la Calle Méndez Vigo Playa, relativamente cerca de la Casa Amarilla.

En el mes de julio de 1906 nació la simpática Dora. Dicen que nació riéndose. Muy activa y simpática desde que nació. Fue a la que más apodos le pusieron sus hermanos y sobrinos: Yoya, Yoyín, Raucha y Ruacha.

Desde hacía aproximadamente un año papita Luchi, Luis Bravo Pardo, papá del abuelo, venía desmejorando en salud. Lo trató en Mayagüez el doctor Salvador Carbonell, quien entendió que la situación de la salud del patriarca era muy seria y quien sugirió lo llevaran a Nueva York para una segunda opinión y posible tratamiento. Recomendó un reconocido hospital en esa ciudad, especializado en enfermedades catastróficas del cual el mismo enfermo había escuchado mucho en sus múltiples viajes de negocios.

Viajó a Nueva York junto a uno de sus hijos, dícese que fue Alberto quien lo acompañó a dicho hospital donde fue tratado con mucha diligencia y respeto. Le diagnosticaron cáncer en la próstata, ya en etapa avanzada, por lo que no se podía hacer nada. Fue un diagnóstico similar al del doctor Carbonell de Mayagüez. Mucho descanso, baños sentados de agua templada y teces de naranjo y de tilo y medicinas para el dolor.

Regresó a Mayagüez sabiendo lo que estaba ocurriendo, con el mismo estoicismo y fortaleza de siempre. Preparó su testamento, donde nombró a su esposa y compañera de vida, mamita Santos, Santos González Izquierdo, como su albacea testamentaria. Tres días después del nacimiento de Dora murió el patriarca de la familia Bravo. El segundo Bravo que llegó a Mayagüez, pero el primero que comenzara a procrear una numerosa familia mayagüezana: once hijos, 3 mujeres y 8 hombres y criar dos nietas. De ahí el seudónimo del patriarca que le pusiera don José de Diego.

Fue velado en su casa solariega, elegante y grande casona entre la Calle Méndez Vigo, Libertad y McKinley. De allí todos a pie siguieron la calesa fúnebre y las otras de flores hasta la Iglesia de la Candelaria y de ahí al cementerio municipal donde sería depositado su cuerpo inerte en el bello mausoleo familiar que él había mandado a construir años atrás. Maya no pudo asistir a los actos fúnebres de su suegro dado a su reciente parto y porque apenas casi había comenzado la cuarentena de San Gerardo. Fue muy bien representada por su madre doña Marie Rousset Vda. de Torruella y por sus hermanas Carmen y Malen.

Como era la costumbre en ese tiempo, en las familias tradicionales, la Casa Amarilla fue redecorada poniendo por aproximadamente seis meses cortinas color violeta en señal de duelo. La puerta del frente estuvo cerrada por los nueve días siguientes al sepelio con un lazo negro que colgaba en un sitio prominente de la puerta principal. De igual manera, el abuelo llevaba una cinta negra en el ojal de su chaqueta. Pobre Dora que llegó tan contenta a recibir este mundo y se dio con la sorpresa de caras lúgubres y tristes y gente vestida de negro a su alrededor. Preguntaba en su mentecita "¿Qué ha pasado aquí? Qué, ¿no me quieren, con esas caras tan largas?"

Ya cuando Dora tenía algo más de un año, querendona de sus tías Carmen y Malen, cuando todo aparentaba haberse normalizado, a mamita Santos, casualmente unos días después de los abuelos Alejo y Maya haberle llevado los niños Alejandrito, Yiya y Dora a su casa, le dio un fuerte dolor de pecho y cayó en cama por unos días hasta que falleciera. Dícese que nunca recuperó la partida de su amado Luchi, su Luchi, el amor y compañero de vida. Dícese que mamita Santos le tenía un amor y cariño especial a Alejandrito pues se le parecía mucho a su amado Luchi. Fue igualmente velada en la casona Bravo, en la Calle Libertad con las esquinas de la Méndez Vigo y McKinley. Sus restos mortales fueron depositados en el panteón familiar del cementerio municipal junto a los de su amado Luchi, los de su hijo Carlos, previo a servicio religioso católico en la Iglesia de la Candelaria de Mayagüez Pueblo.

Foto de los hijos de los Abuelos, de mayor a menor, Alejandro, María Luisa, Dora, Olga, Orlando, Delta, Lygia y Héctor en el patio de la Casa Amarilla. La escalera de los hermanos de mayor a menor.

Foto en costado de la casa, cinco de los ocho hijos, junto al abuelo, sobrino Albertito y su esposa Mary del Valle.

Nuevamente, la Casa Amarilla se convirtió en violeta por dentro y en su puerta principal se colocó el lazo negro, al igual que el abuelo con su tachón negro en su chaqueta, como cuando la muerte de Papita Luchi. Maya, toda de negro, asistió al novenario de rosarios de mamita Santos.

Un año después, y luego de las fiestas de Reyes y de las octavitas, llegó al hogar un nuevo miembro, la niña que llevaría por nombre Olga. Olga la del medio, la que sería muy apegada a su madre y posteriormente a su tía Malen. Olga, desde muy niña, gustó mucho de la jardinería, de la costura y de la política. Era la hija que desde pequeña acompañaba a su padre a las actividades políticas de la época. Aparentemente, por ser la del medio, sirvió de mediadora, de conciliadora entre la cepa mayor y la menor. Fue la que procuró la unión familiar siempre. Recuerdo como si la estuviese viendo a ella constantemente decir: "La familia siempre, la Fa, Mi, Lia. Habrá familias igual de unidas que la nuestra, pero más, ¡NO!".

Casi como el reloj del péndulo y carrillón, de ahí en adelante cada dos años, un poco más, un poco menos, nacía un nuevo vástago a la familia. Como la premonición de la madreselva, como los deseos del abuelo, una familia grande; grande y unida como de la que él provenía. En esta ocasión nació el quinto hijo, un varón al que llamaron Orlando. Orlando, al igual que su hermano mayor, se parecía mucho a su padre. A Orlando fue al que desde niño le gustaba jugar en el patio, con sus amiguitos y hermanos, a los juegos de pelota, de canica, gallitos y a los caballos.

Como el péndulo del reloj, dos años luego nació Delta. Desde que nació llevó la música por dentro. Al año de nacida ya tarareaba canciones y caminaba ligerito por toda la casa. Se les perdía a su madre, niñera y hermanas. Muchas veces la encontraban haciéndole maldades a sus hermanos o escondida, muy calladita, con papeles, lápices de color y coloreando distintas cosas que no se podían descifrar. Su madre, Maya, decía que esa niña era distinta a los demás, o estaba revuelta, corriendo, cantando alto y más alto riéndose o escondida muy tranquila coloreando en papeles, por horas, de los que salían papeles indescifrables, pero de colores alegres, fuertes y armoniosos. Su tía Malen, su otra madre, cuando su padre la regañaba cuando se perdía, le decía: "Alejo, acuérdese lo que Maya dice, esa niña es diferente".

El reloj de arena marcaba que ya habían pasado dos años y por lo tanto Maya tenía que estar esperando el nacimiento de otro hijo, y así fue. El reloj de José de Diego marcaba las siete campanadas de las siete de la mañana cuando, con la ayuda de la comadrona y de su tía Carmen, nació la bella niña que le pondrían de nombre Lygia. Nació con mucho pelo, de tez de porcelana, ojos grandes y alegres, muy despiertos, vivarachos y cariñosos. Era muy dispuesta a jugar con sus hermanas mayores y con su prima Lucy Boscana, vecina de la casa de al lado, quienes se llevaban a penas menos de un mes, una y la otra. Lygia se parecía a su madre y a su familia.

Gustaba mucho de jugar en el jardín, cerca de las rosas, de las violetas, de los árboles del patio, o traspatio, como le llamaban para diferenciarlo del patio ladrillado. Este era patio amplio de sembrados de varios frutos, un bello flamboyán rojo y una acacia rosada. Desde pequeñita, era increíble cómo coloreaba las rosas, las flores de madreselva, las violetas y los árboles. Decía la tía Malen: "Esta será pintora".

Comenzando el año 1916, enfermó seriamente del corazón la abuelita Betín, como le llamaban sus nietos, doña Marie Rousset Beraud Vda. de Torruella. Su enfermedad fue corta. La pasó en la Casa Amarilla donde vivía ya hacía unos años. A los dos meses Betín falleció. Fue velada en la misma casa, como de costumbre, donde familiares y amigos vinieron a presentar sus respetos. La pobre Betín murió sin volver a saber nunca más de su hijo José, quien un día partiera de Mayagüez, aparentemente hacia Venezuela, para jamás saber nada de él. El cuerpo de la difunta fue trasladado a la Iglesia del Carmen y de ahí al camposanto municipal de Mayagüez.

A finales de ese mismo año, en diciembre, nació el benjamín de la familia, el bebé de su mamá y de su hermana mayor, Yiya, quien desde que naciera el chico, ayudaba a su mamá con el nuevo hermanito. La niñera estaba más pendiente de las niñas Delta y Lygia, y Yiya y su madre se ocuparían más de él. El niño había nacido algo enfermizo. Le pusieron de nombre Héctor. Héctor era una combinación Bravo Torruella, o más bien, Torruella Bravo. Se pareció en el físico mucho a los Torruella, pero desde niño en su carácter se acercaba mucho a su padre, serio, recto y disciplinado. Fue amante de todos los deportes desde niño, jugó en el equipo de Voleibol Superior de Mayagüez y fue fanático de los Indios de Mayagüez, al igual que todos en la familia. Amante de los números y de la geografía, en sus primeros años de vida fue muy feliz con padres y hermanos, en la espiritual y mística Casa Amarilla.

Los tres varones estudiaron la escuela elemental, intermedia y superior en el sistema de educación pública en su pueblo de Mayagüez, y recibieron una educación de calidad. Se convirtieron todos en bilingües. En ese tiempo en las escuelas públicas el idioma inglés era bien enseñado.

También las mujeres estudiaron la escuela elemental e intermedia en las escuelas públicas de Mayagüez. Sin embargo, la escuela superior la cursaron en la Academia de la Inmaculada Concepción de Mayagüez, fundada en el año 1905 por los Padres Redentoristas norteamericanos y dirigida la parte académica por las Hermanas de la Caridad, "las Sisters" de esa mencionada congregación, con sede principal en Baltimore, Estados Unidos. También recibieron una educación de excelencia y por supuesto, completamente bilingües.

La tía Yiya fue de la primera clase graduada de Comercio de la Academia, la tía Dora de la primera clase graduanda de Científico y la tía Olga unos años más tarde se llevó el "Valedictorian", el premio por el promedio más alto de su clase graduanda de Comercio del mencionado plantel. La tía Olga perteneció al equipo "varsity" de "volleyball" de la Inmaculada de ese tiempo, llamado "Las Marines".

La Academia de la Inmaculada Concepción es parte de la historia de Mayagüez. Fue la primera institución privada y católica establecida después del cambio de soberanía, aunque luego del terremoto del 1918, el muy conocido arquitecto Francisco Porrata Doria la rediseña, construyéndose una nueva en 1922. De estilo sobrio, sencillo y muy práctico, albergó a los estudiantes de dicho plantel por más de setenta años. Estaba localizada entre la Calle Méndez Vigo y la Calle Río en el mismo centro del pueblo. Allí estudiaron mis tías, mi madre y un porciento significativo de la población mayagüezana, incluyéndome a mí. No importó la historia, no importó su estructura ni el prestigio del diseñador. Los Padres Redentoristas la vendieron para construir otra escuela a las afueras de Mayagüez y la edificación también fue eliminada. Hoy, solo queda un lote con piso de cemento que es utilizado como estacionamiento.

A la Academia de la Inmaculada Concepción, por sus siglas en ingles la AIC, se le conoce también en su historia pues Sister Mary Paden, administradora del plantel en esos primeros tiempos, estableció un área de comida para los estudiantes. Había muchos niños pobres y ella se ocupaba que ellos y otros niños se alimentaran bien. Se le reconoce como la primera escuela privada con comedor escolar auspiciados por el gobierno, lo que llevó a que fuera precursora de la creación de los comedores escolares en el sistema público de Puerto Rico.

Parque Suau, hoy destruido al construir el viaducto

La Casa Parroquial, construida en 1902, sirvió de albergue luego del terremoto de 1918

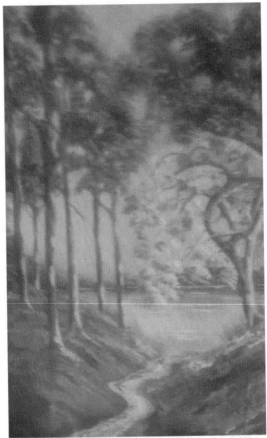

Pintura de la tía Ligia Bravo de Villa

Platos y comidas que caracterizaron la Casa Amarilla

Fueron muchas y diversas las fiestas y actividades que celebraba el abuelo Alejandro en su querida Casa Amarilla: desde las festividades de Navidad, la despedida de año, los Santos Reyes, entre otras, a las que todas las amistades eran invitadas.

El abuelo acostumbraba acompañar a sus amistades a las retretas en los tres lugares que se celebraban en Mayagüez. Estas terminaban en la Casa Amarilla, que era conocida como la casa de don Alejo y "las muchachas", las nenas del abuelo. Para cada una de las actividades, como en la vida cotidiana, salieron platos que caracterizaron dicha casa y a la familia. Algunos de estos platos los seguimos consumiendo en nuestra familia porque calaron hondo en nuestros paladares. Muchas de estas recetas han ido pasando de generación en generación.

De una libreta con sus páginas color amarillo con adhesivos en algunas páginas, con polvo encima por lo vieja de la misma, me topo con que aparecía la letra de las tías Malen, Carmen, Yiya, Olga y una letra no identificada y me percato que son recetas. Recetas de cocina de la Casa Amarilla. De ahí fue que pude sacar algunos de los platos que se cocinaban y servían en la emblemática Casa.

He aquí parte de la cultura culinaria que identificaron a la familia Bravo Torruella, y que constituye parte esencial de la vida íntima y social.

En las Navidades (Día de Navidad y Fiesta de Reyes) los platos más servidos eran el pernil de la tía Malen: pernil trasero asado, bien condimentado, se le saca la parte del cuero para prepararlo en chicharrón, marinado en chinas y su sumo, un cordial exquisito, y al servirlo en la parte superior de la carne se roseaba con grajea y ralladura de la misma fruta.

La otra receta navideña, el jamón planchado gratinado. No sabía por qué le llamaban jamón planchado. La tía Olga me explicó que en esos tiempos se tomaba el jamón, se planchaba a ambos lados con plancha de carbón y luego se le ponían los ingredientes como clavos en especies, canela y las piñas y cerezas. Posteriormente al carbón u horno. No faltaba este plato en la casa de las tías siguiendo esa tradición familiar.

En cuanto a otros platos principales fuera de esta temporada, estaban los siguientes.

Primero, los buches de bacalao. Para esta receta se podía utilizar tanto salsa roja como blanca. La receta en salsa roja fue originalmente traída a Mayagüez por Franco y Compañía. Según se indica, esta debe prepararse con muchos tomates, pasta, salsa de tomate, azafrán, chorizos cantimplora, leche de almendras, almendras picadas, aceite de oliva, ajo, perejil, cebolla, papas y por supuesto los famosos buches de bacalao. Exquisito.

La otra receta de buches de la Casa Amarilla y original de la tía Malen, según visto en la libreta de recetas, tenía la peculiaridad de que todos sus ingredientes tenían que ser blancos: leche de almendras, almendras picadas, aceite de oliva, ajo, cebolla, vino blanco y algo de agua.

En el procedimiento para ambos platos se sofríen los ingredientes para luego integrar los buches (en el caso de la receta de salsa roja la cantidad de buches es sustancialmente mayor). El siguiente paso es incorporar unos pedazos partidos de papas para cocinar. Es una exquisitez. Hoy está casi prohibitivo por el costo de los buches, o cocochas, como se le llama en España. Aunque dé trabajo conseguirlos, por lo menos una vez al año en nuestra casa se prepara la receta roja con ciertos cambios e ingredientes adicionales.

Al queso de bola holandés se le va sacando el queso para distintas comidas y cuando está hueco se hierve un poco para sacarle la cera roja y luego se rellena ese hueco de un guiso de carne de res molida y almendras, de pedazos de pollo guisados o de espaguetis con pollo o con carne. Sabrosísimo.

Se puede entender claro en la libreta que para los viernes se consumía pescado. Esto era relacionado a las costumbres religiosas. Uno de los platos de este día era el budín de pescado de la tía Malen. Atún blanco enlatado o filete de mero brevemente hervido y desmenuzado, sal y pimienta, leche evaporada o de leche fresca, pan especial. Se hace al horno.

Otro de ellos, la famosa y bien conocida serenata de bacalao. Se hierve y desala el bacalao. Se corta en tiras y en un platón cuya base es lechuga, se sirve el bacalao, ruedas de cebolla, ruedas de huevos hervidos, lascas de papas, tomates frescos y pimientos morrones frescos medio cocidos. Se le adereza con aceite de oliva y algo de vinagre blanco o balsámico.

Los buches de bacalao se hacían también en Semana Santa, al igual que se servía coca mallorquina, un entremés que veremos más adelante. Continuando con los platos tenemos rellenos de repollo hervido. Normalmente era relleno con un guiso de carne de res molida y almendras. Así mismo chayotes rellenos y rebosados. Para ellos se saca una parte del chayote, se hierve y se mezcla con carne de res molida y guisada. Todo eso se vierte en esa hendidura del chayote, se le echa encima huevo batido y se hornea.

No debemos olvidar los platos con berenjena. Entre ellos: berenjena guisada con carne de res molida, berenjena en escabeche y berenjena con quesos. La berenjena con quesos era una especie de lasaña. Para su preparación, la berenjena se hierve y se corta en lascas. En un platón de cristal hondo, se embetuna dicho platón con aceite de oliva o mantequilla. Se pone una lasca de berenjena, seguida de una lasca de queso, y así hasta arriba. Las lascas de queso deberán ser de distintas clases de queso. Al llegar arriba se le pone en la última cama de queso, mucho queso parmesano rallado, preferiblemente rallado en la casa y se horneaba.

Continuamos con los entremeses y pasa palos. Comencemos con las almojábanas tres quesos, queso blanco del país, queso de bola y queso parmesano rallado, la harina de arroz, una pizca de sal. Se servía en las fiestas de entremés o pasa palos, muy especialmente durante la época de las navidades. En esa época también se hacía en el desayuno para comerlo con café y/o chocolate caliente.

Luego pasamos a la coca mallorquina, con masa de pan, aceite de oliva, ajo molido, acelga, perejil, espinaca, tomates, cebolla y sardinas. Este plato no faltaba en la Casa Amarilla como entremés, partido en cuadros. Se servía también como comida principal el Viernes Santo. Esa tradición ha seguido. Luego en la casa de las tías, en casa de nuestros padres y en nuestra residencia. Normalmente se compraba en Franco. Ahora la prepara artesanal y muy exquisita mi esposa Dottie.

Los acompañantes de los platos fuertes comenzaban con las barriguitas de vieja. Las mismas era hechas de calabaza, fritas, polvoreadas con canela. Le sigue el arroz apastelado o arroz vago. Este arroz lleva pedazos de pollo deshuesados hecho al horno y tapado con hojas de plátano. Era una receta de la tía Yiya. También de ella, el pastelón abizcochado de papas y quesos de bola y parmesano. Tanto el arroz apastelado como el pastelón abizcochado han sido dos recetas que han pasado de generación en generación.

De la tía Olga, plátanos en almíbar con especias y canela. Estos quedaban oscuros y de un sabor exquisito. Ella decía que era una receta "mejorada" original de doña Sallo, la de la Casa Amarilla. Debe haber sido así, pues en la libreta esa receta, dificilísima de leer es de la letra muy rústica, en bloque y con muchos errores ortográficos, por lo que esa letra tiene que corresponder a la letra de doña Sallo. Esa receta la hemos seguido utilizando, pero jamás nos ha quedado como los de la tía Olga.

Dentro de esa libreta, casi ilegible, de la letra de la tía Olga, podemos tomar la receta de una salsa blanca que dice: "8 cucharadas de mantequilla, 8 cucharadas de harina de trigo, cuatro tasas de leche caliente, 2 cucharaditas de sal". Más abajo menciona que es una salsa para hacerse para pollo en salsa blanca.

Sobre las bebidas comencemos con ponche Rabo de Gallo: ponche de huevos batidos, leche evaporada, algo de leche condensada, coñac o brandy y pizca de azúcar, canela en polvo. Se toma bien frío en las navidades. Receta de Tata, Thais, la tía Carmen. Le sigue la bebida del abuelo: Ron Superior o Don Q con agua y zumo de limones frescos. La bebida de las reflexiones.

Sobre dulces, no da detalles de recetas con excepción de uno que dice Guayabitas con Queso que no es otra cosa que la jalea de guayabas preparada con las guayabas de la casa, para comerse con queso blanco preparado en la casa o queso blanco del país. Fuera de eso, debajo de dulces o postres dice, mantecaditos Yiya, tembleque Olga, jaleas de mango, de guayaba, dulce de lechosa, "pie" de limones frescos amerengado, yemitas de Franco, brazo gitano de Franco y mallorcas que asumo eran de Ricómini.

Definitivamente los mantecaditos de Yiya no faltaban en ningún cumpleaños de niños o bautizos. La libreta de recetas confirma que lo aprendió a hacer en ese tiempo, probablemente para los cumpleaños de sus hermanitos y luego siguió con la tradición. Ella se los hacia a su hijo y como se convirtieron en famosos no faltaban en actividades familiares de alguna celebración de niños. Eran exquisitos, con mucho sabor a mantequilla. Aun ahora y ayer, en los cumpleaños de hijos y nietos no pueden faltar los mantecaditos. Tampoco puede faltar el tembleque de coco de la tía Olga ya que era el postre tradicional en las fiestas navideñas.

Varios de estos platos, como los buches de bacalao, la coca mallorquina, las famosas yemitas y el brazo gitano, se originaron en las cocinas u hornos de E. Franco y Co., empresa mercantil española abierta en Mayagüez en 1850 por don Enrique Franco. Esto nos lleva a considerar que la empresa Franco tuvo un impacto significativo en la cocina local, estableciéndose en un núcleo considerable de los paladares mayagüezanos un estilo, unas costumbres culinarias que calaron hondo.

No nos sorprende que las personas que no son de Mayagüez, pero que han conocido lo que son los buches de bacalao y la coca mallorquina ha sido a través de ciudadanos de esta ciudad que lo ha confeccionado por costumbre y tradición o lo ha llevado desde Mayagüez,

El brazo gitano será español en España, pero en Puerto Rico es tan mayagüezano como el mangó y como los Indios de mi pueblo. Este dulce o postre se ha hecho tan famoso que es raro que un puertorriqueño no conozca que es el brazo gitano y que su origen es Mayagüez, específicamente proveniente de los hornos de Franco.

Otra empresa de gran prestigio en Mayagüez es *La Ricómini*, originalmente establecida por franceses que llegaron a Mayagüez con este apellido, algo antes del comienzo del siglo XX. Los Ricómini también tuvieron su impacto en el paladar de nuestro pueblo con lo que fueron sus famosas mallorcas, pastelillos de carne y de queso y con el "pan flauta francés", todavía famoso.

Debo mencionar que desde finales del siglo XIX y principios del siglo XX Mayagüez se distinguió por el arte culinario (ya antes mencionado) y por la fabricación de bebidas espirituosas. En un momento dado, entre 1900 a 1930, aproximadamente, Mayagüez tuvo 30 destilerías, la mayoría de distintos tipos de ron. En una época se le llamó la Capital Mundial del Ron.

No solamente era el ron, también se producía vinos y cordiales. No podemos pasar por alto el Ron Superior Puerto Rico, el famoso Anís Gorila de la Licorería Marín de don Manolo Marín y la variedad de vinos de la fábrica de la familia Cedó, y algo más tarde por las cervezas Real e India. El abuelo orgullosamente llevaba todo tipo de licor mayagüezano a las constantes "reflexiones" con amigos y familiares.

Hoy, a principios del año 2016, seguimos produciendo bebidas muy conocidas como la Sangría Fido, la Cerveza Medalla de lo que fue la Cervecería India, hoy Cervecera de Puerto Rico y la próxima llegada nuevamente al mercado del emblemático ron mayagüezano, Ron Superior Puerto Rico, Reserva Limitada. Si a esto le acompañamos con los famosos brazos gitanos mayagüezanos podemos reiterar que con el arte de la cocina y de la buena bebida seguimos en la vanguardia. ¡Brindemos!

Profecías, de Delta Bravo de Picó, 1978
Acrílico, 54x60

La inesperada muerte de la abuela Maya

Cuando apenas mi padre, el benjamín de la familia tenía algo más de dos años, enfermó de un catarro, algo normal en esa época del año por ser tiempos de lluvia. Casi todos sus hermanos lo habían tenido, pero se recuperaron rápidamente. Sin embargo, mi padre, todavía muy niño y enfermizo, tuvo complicaciones porque sufrió de una fiebre alta.

Como es natural, su madre estaba muy pendiente de su salud. Mi papá, aunque compartía cuarto con Yiya, era la joven abuela la única que le daba sus medicinas y quien le daba los baños de alcanfor y agua templada que Paco Nazario[35], el boticario, le había recomendado. Eran días de lluvias matutinas y nocturnas, muy comunes en Mayagüez. Durante varias noches Héctor se mantuvo enfermo y con fiebre. La abuela Maya, para acortar distancia, cruzaba de su cuarto al cuarto del niño enfermo por el patio exterior, teniendo que llovisnarse. Esto provocó que se enfermara. El niño comenzó a mejorar. Ya no había fiebre y con las pociones preparadas por Paco Nazario la flema iba saliendo.

Sin embargo, a su madre, la abuela Maya, el catarro se le agrava. Comenzó con una fiebre alta, muy alta. Llamaron al doctor Carbonell[36], quien diagnosticó un catarro complicado con una bronquitis. Recomendó de inmediato reposo, baños de alcanfor y teses de menta. Para aclarar los bronquios recomendó miel, ron y jugo de limón. Se hizo todo lo que el doctor indicó, pero no se veía una verdadera mejoría. En otra consulta, el médico indica que había que seguir

---

[35] Francisco (Paco) Nazario, muy conocido boticario y dueño de la Farmacia Nazario en Mayagüez Playa, ya desaparecida.

[36] Silvia A. Aguiló, 1993, Notas para la Historia de Mayagüez, P. 36. Dr. Salvador Carbonell, médico de la época registrado como tal en 1886. Dueño del hospital privado de Mayagüez, Casa de la Salud.

con sus instrucciones al pie de la letra y cuando le subiera la fiebre, inmediatamente darle baños de agua templada, seguidos por alcanfor en pomada, frotárselo por el pecho y teses de naranjo bien calientes para sudar la fiebre.

En esa época no había otra medicina que no fuesen remedios caseros y las recomendaciones sugeridas por médicos y boticarios. No había penicilina ni ningún tipo de antibióticos. Tuvo varios días de aparente mejoría pues la fiebre había bajado. La mejoría perversa. La fiebre que regresó, regresó con más fuerza que nunca, una fiebre encampanada y el pecho altamente congestionado. Se le empezaba a dificultar la respiración. Los baños de agua no le bajaban la fiebre, la menta, el alcanfor, el vapor de agua hirviendo no le hacían nada. Como decía el boticario Paco Nazario "al igual que los temporales la virazón es peor que el huracán, la cosa se está complicando". Abandonó su botica para estar atendiendo a la abuela.

Ni el abuelo, ni la tía Malen ni su hija Yiya se despegaban de ella. Carmen o Tata, como le decíamos, se movió en esos días a la Casa Amarilla y quedó al cuidado de los niños con la niñera, sustituyendo a Malen que estaba al cuidado de la enferma. La tía Carmen desde nacimiento era asmática y con serios problemas bronquiales y no se la permitió entrar al cuarto de su hermana para evitar otra persona que se enfermara en la casa. En una de las visitas del médico, escucharon lo que ya el abuelo había oído en privado de parte Paco. Debido a esa fiebre tan alta, al tener escalofríos, mucha debilidad y al auscultar su pecho, diagnosticó oficialmente pulmonía doble e infecciosa.

Las posibilidades de recuperación eran ínfimas. El desenlace fatal se acercaba más y más. No había penicilina, no había antibióticos de ninguna índole. La mortalidad por enfermedades infecciosas, muy especialmente la pulmonía era muy alta. El abuelo no quería aceptar esa realidad, estaba en total negación. Le decía a Paco y también a la tía Malen, que él no sabía vivir sin ella. Siguieron los baños de alcanfor, ya no la podían mover al baño, más ungüentos preparados por Paco, más olores a menta, más alcanfor, más baños con hojas medicinales, rezos, oraciones de sus hermanas e hijos, todo lo que podían hacer.

En un momento de desesperanza de los hijos mayores, doña Sallo, la fiel cocinera, quien quería tanto a doña Maya les convenció a ellos y a la tía Malen de traerle a doña Mercedes, doña Chele, la comadrona y sanadora espiritual, para que le hiciese un "trabajito" a ver si le daba una limpieza espiritual completa y ver si el destino y la espiritualidad cambiaban el curso de la enfermedad. Doña Chele vino y muy seria y respetuosa se presentó con una vela blanca, una figura de San Miguel Arcángel y agua bendita. Le hizo el trabajo, le rezó, le enjugó la frente con agua sagrada, pero eso no funcionó. Cuando la desesperación llega, uno acude a todo.

Las visitas de los familiares no faltaban y Carmen los atendía brevemente y daba noticias de la condición de su hermana. Todos todavía esperanzados que su cuerpo respondiera. El abuelo Alejo le murmuraba al oído:

"No me dejes. Te amo, eres parte de mi vida misma. Maya lucha, lucha, los nenes, los nenes".

Ella semiconsciente, sin poder hablar, derramó unas lágrimas de amor. Como la historia de ellos dos, de amor y de lágrimas. No pudieron evitar el desenlace fatal.

Una mañana de julio de 1919 que el dolor obliga a olvidar el día, antes de cumplir sus 37 años a las nueve menos cuarto de la mañana deja de existir María Luisa Toruella Rousset, la abuela Maya, la esposa de Alejo, la más bella de los Torruella Rousset, dejando un ramillete de 8 hijos de las edades desde los 15 hasta los 2 años y medio. Deja devastado a su amado Alejo, el primer y único amor de Maya y a los hijos todos, muchos de ellos, los menores no entendiendo el por qué no verían más a su madre.

El reloj de péndulo tocó triste muy triste ese cuarto de hora anunciando su partida. Dejó de tocar por varios días, de forma muy misteriosa, se calló, no quería tocar. ¡Qué pena! ¡Qué horror! Con casi 37 años y con ocho hijos por delante. ¡Devastador!

El dolor del abuelo era indescriptible, dolor interno, pues el hombre no podía expresar los sentimientos, signos de debilidad según decían y muy especialmente los de su raza. Sin embargo, se le notaba en su cara y en su caminar el dolor que arrastraba.

La Capilla de la Iglesia del Carmen tocó tres campanadas de duelo y el piano de Maya tocó unos sonidos de la danza "Tú y Yo". Murió abrazada del abuelo, con Paco Nazario untándole alcanfor y con la tía Malen secándole con una toallita el sudor en su cara y frente. Unas lágrimas, un suspiro fuerte. Nos dejó, muy joven, para siempre. Malen dijo en voz alta: "descanso eterno concédele Señor, que brille para ella la luz perpetua, que descanse en paz". A lo que todos respondieron: "Amen".

Inmediatamente el abuelo envió mensaje al doctor y al de la Cuevita, un hombre serio y respetado, que había establecido hacía no mucho tiempo una agencia funeraria en Mayagüez. Tan pronto el doctor certificó su muerte, de la Cuevita pasó a medir a la difunta, que decían que en eso de medir muertos era un verdadero experto. Comentaba la gente que de ver al difunto nada más, ya sabía sus medidas para hacerle su ataúd. El abuelo le ordenó que fuese en la mejor madera del país que tuviese. Las hermanas Carmen y Malen vinieron prestas a vestir a la difunta, con la mortaja, con su mejor ropa de dormir que le compraba su amado Alejo con mucha frecuencia en las mejores tiendas.

Prepararon la cama matrimonial con las mejores ropas de cama. Limpiaron y arreglaron el cuarto, ahora mortuorio. De la Cuevita trajo las poncheras donde iría el hielo traído de la planta de Valdés.[37] También se trajeron las lámparas mortuorias, reclinatorio y todo lo necesario para el velorio. Se arregló la casa para recibir en la sala y el cuarto mortuorio a familiares y amigos. Cortaron el jardín que tanto ella cuidó. Allí Olga, Dora y Delta, junto a doña Sallo, todas llorando, cortaron las mejores flores "del jardín todo sembrado de rosas y de violetas y madreselvas doradas" para despedirla. Ya no tuvieron más regalos de rosas y de violetas para el día de las madres. Ya no hubo el beso de buenas noches a cada hijo antes de dormirse.

Yiya, con sus manos bendecidas y el gusto exquisito desde muy niña con las flores prepararía los arreglos que adornarían *La casa de amor y de lágrimas*, las flores que adornarían la Iglesia del Carmen y las que acompañarían el cortejo fúnebre.

Mucho antes de terminar de preparar a la difunta ya la casa comenzaba a llenarse. Sus tíos: Tomás Boothby Tolosa y Sylvia Rousset de Boothby, su primo Tomás Boothby Rousset y esposa Julia María Cabassa, sus vecinos y primos Vicente Boscana y Sara Bravo Rosselló de Boscana con Lucy, don Demetrio Santaella y esposa, vecinos, los hermanos de Alejandro: Alberto, Jacobo, Oscar, Alfredo y Carmita fueron los primeros en llegar.

---

[37] En los velorios de la época no había neveras mortuorias. Se ponía una ponchera con bloques grandes de hielo debajo de la cama mortuoria para conservar el cuerpo por varias horas.

Se avisó de la muerte a través del periódico local y estatal y a través del anunciante que puso la funeraria. Iba informando por las calles principales del pueblo quién había fallecido, donde sería el velorio y donde y cuando sería el sepelio. También iba entregando en las residencias establecidas por los familiares la notificación de la muerte y la invitación al velatorio y sepelio. Una tradición muy común de la época. Se invitaba al velorio que comenzaría esa tarde y al sepelio al otro día partiendo la comitiva fúnebre desde la residencia mortuoria, Calle Méndez Vigo Playa, Núm. 260 oeste, Mayagüez hasta la Iglesia del Carmen para misa de cuerpo presente y de allí al Camposanto Municipal. Invitaban en las esquelas su esposo Alejandro Bravo González, sus hijos Alejandro, María Luisa, Dora, Olga, Orlando, Delta, Lygia y Héctor y sus hermanas Carmen y Magdalena (Malen) Torruella. ¡María Luisa Torruella Rousset de Bravo, ¡ha fallecido!

Desde las seis de la tarde en adelante la casa estuvo llena en todo momento. Se pasaba al cuarto mortuorio donde se acomodaron sillas y donde se encontraban los familiares más cercanos. El abuelo estaba totalmente incrédulo, en espanto, muy afligido. Sus inseparables hermanas Carmen y Malen y su tía Sylvia Rousset de Boothby, junto a su hija Yiya, recibían a los presentes aceptando las condolencias. El abuelo y Alejandrito, ambos engabanados y con la cinta negra en sus hombros como señal de duelo, dolidos, pero con mucho temple, también recibían a todos los que venían a darle el pésame.

El abuelo Alejo, en una esquina de la casa decía en murmullos, "se me fue parte de mi corazón, se me fue parte de mi vida" y esa noche y noches posteriores, el abuelo la buscaba, aun sabiendo que no estaría más a su lado. Se notaba su dolor, pero no lo podía expresar como las hijas y hermanas. En un momento dado ya no cabía más gente en la sala, comedor y balcón. Tanta gente y tanto respeto, tanto silencio. Solo se escuchaba esporádicamente a una de las Falbe rezar el santo rosario y a las mujeres contestar los rezos. Los hombres se mantenían en el balcón guardando mucho respeto.

A la media noche se sirvió un chocolate caliente con unas yemitas[38] de Franco y mallorcas de Ricómini. Posterior a ello los presentes fueron partiendo dejando a los familiares más cercanos en el velatorio de toda la noche.

A las 10:30 de la mañana del siguiente día se pasó a la abuela a la caja mortuoria mientras el conocido maestro de piano mayagüezano, don Luis Ramírez Casablanca, tocaba al piano una melodía mortuoria y una ensalada de danzas. Llevaban el féretro hacia la Iglesia del Carmen, su esposo Alejandro, su hijo de 15 años, Alejandrito, su tío Tomás Boothby Tolosa, su primo Tomás Boothby Rousset, su cuñado Alberto Bravo González y su sobrino Alberto Bravo Franco. Posterior a las exequias fúnebres en la iglesia, partieron hacia el camposanto municipal. La difunta iba en carroza fúnebre, de caballos negros de paso fino con los plumajes negros en señal de luto, seguida de otras carrozas con flores, predominando las rosas y las violetas, y luego otras con el viudo y los hijos.

Una vez en el camposanto, el abuelo, con su voz viril y vibrante le da la más bella de las despedidas a su amada:

"Te amaré toda la vida, todos los años, los meses y los días, te amaré mientras pueda latir mi corazón y ya vives en mi pensamiento, te extrañaré de noche y de día" y "me ayudarás en silencio y por amor a cuidar de nuestro ramillete de amor. Te juro ante

---

[38] Yemitas, péquennos bizcochos hechos con harina y las yemas de los huevos, de color Amarillo. E. Franco los hizo famosos en Mayagüez.

Dios y ante el mundo que cuidaré de ellos, el fruto de nuestro amor, hasta hacerlos hombres y mujeres de bien".

Luego de esas inspiradoras palabras fue depositada María Luisa, Maya, en el Panteón familiar Bravo donde ya reposaban los restos de sus suegros Luis Bravo Pardo y Santos González Izquierdo de Bravo y de su señora madre doña Marie Rousset Vda. de Torruella.

La casa de vistió de luto. En esta ocasión cortinas de sala y comedor de riguroso negro al igual que otros accesorios. El dolor de esa partida quien lo describe mejor, es su hijita de ocho años, Delta, que lo plasma en este sencillo poema:

"Hoy que es Día de las Madres,
Infeliz triste lo paso,
Yo sin madre en este día,
No tengo a quien darle un abrazo."

La muerte de la abuela les afectó a todos de una forma u otra. Dora tenía 12 años cuando ella murió y de adulta decía que no podía recordar nada de su madre aun tratando. Sin embargo, la de 8 años se acordaba perfectamente de ella. Papi jamás la mencionaba y cuando tocaban el tema él, con su acostumbrada elegancia, lo cambiaba.

Sin embargo, lejos de desunir la familia, su muerte fue todo lo contrario. A veces las desgracias y situaciones difíciles, desunen a las familias, pero en otras ocasiones, las unen más. Este fue el caso de esos hermanos. Se juntaron bajo la tutela y dirección de ese padre y sus tías. "Se juntaron como nunca, ellos prestos a ayudarse, unos a otros hermanos, para nunca separarse".[39]

---

[39] Héctor Bravo Vick, 2010, extraídos de versos sueltos, a la muerte del último de los hermanos Bravo Torruella, Delta.

La tía Malen, jugó un papel muy importante en la vida de la familia, especialmente luego de la muerte de su hermana y madre del ramillete de hijos que quedaban huérfanos. Al momento de la inesperada muer-te de su hermana, la tía Malen vivía en la Casa Amarilla y había establecido unos lazos de amor profundo con sus sobrinos. Estaba preparada para su boda con el novio de varios años, Enrique Gutiérrez, pues se casaba en aproximadamente mes y medio. Malen habló con él y pospuso la boda por un año, para ayudar a su cuñado, a sus dos sobrinos mayores Alejandrito y Yiya en la reorganización de muchas tareas en la casa y, darles mucho amor a sus sobrinos, para en algo mitigar la muerte de su madre.

Casa Mir Suau

Casa Esteve Carlo

Las actividades en la Casa Amarilla y la boda de la tía Yiya

Luego de guardar luto por la abuela por un periodo mayor de un año, se comenzaron de nuevo las celebraciones tradicionales. La madre había fallecido, su vacío seguiría en el corazón de ellos de por siempre. Sin embargo, la vida continuaba y el abuelo tenía que echar hacia adelante a sus ocho hijos.

En dicha emblemática casa se celebraban muchas actividades familiares y con amistades del abuelo y de sus hijos. Entre otras actividades, el día de Navidad, la Despedida de Año y las fiestas de Reyes en esa época del año. Eran muy celebradas las fiestas en la casa durante el tiempo del Carnaval del Casino de Mayagüez, durante los juegos literarios llamados Juegos Florales al igual que las famosas verbenas con su reinado de la Academia de la Inmaculada Concepción y de las tradicionales retretas.

El abuelo decía "yo prefiero que las fiestas y actividades de las muchachas sean aquí, pues así conozco sus amistades y se con quien se están relacionando". Posterior a la exposición de los participantes en las mencionadas competencias literarias y de las noches carnavalescas el abuelo reunía a sus hijos y sus amistades en la terraza y famoso patio ladrillado. El quiosco se llenaba de hijos y amistades y los adultos en la terraza, refrescando su paladar, pero también observando.

En una ocasión la tía Delta ganó un segundo lugar por uno de sus poemas. Ese año, la actividad en el patio ladrillado fue algo más especial y significativo. Delta tuvo que volver a recitar su poema frente a familiares y amigos.

En las fechas del Carnaval del Casino, llamado también el Carnaval de Mayagüez, era de regocijo en nuestra familia ya que también se hacía una actividad similar utilizando el patio ladrillado de la Casa Amarilla. El año más celebrado fue en 1923 cuando fue electa reina del Casino, Yiya, María Luisa Bravo Torruella, la hija mayor, quien por votación unánime de todos los socios del Casino fue electa reina, según nos narra Silvia A. Aguiló en su libro *Memorias del Casino de Mayagüez*. La predicción del abuelo se dio. "Será al igual que su tía Carmen, Reina del Casino de Mayagüez".

Desde el advenimiento de los norteamericanos a la isla, luego de los años veinte, se celebraba en Puerto Rico el Día de las Madres al igual que el Día de los Padres. En la familia ya el día de las madres, como es obvio, no se celebraba con fiestas y comidas. Ese día iban los hijos junto al padre a llevarle las más hermosas flores, las rosas y las violetas del jardín de la casa, a la madre en el cementerio, al panteón de la familia Bravo. Allí le ofrecían dichas rosas y violetas que antes le regalaban, le rezaban todos juntos una bonita oración y regresaban a la casa.

Sí se celebraba en grande por todo lo alto el día de los padres, donde los hijos llenaban de alegría a su progenitor a quien le demostraban el amor y el agradecimiento por todos los sacrificios de él para con ellos. Malen o Yiya le daban instrucciones a la encargada de la cocina, doña Sallo, para que preparara los manjares especiales que se cocinarían para ese día. Se decoraba la casa con flores naturales del jardín. Los regalos no eran suntuosos, pero sí muy significativos. Luego del almuerzo los hijos le presentaban una pequeña obra o algo preparado y ejecutado por ellos. Decían que el abuelo comentaba que ese era el mejor regalo. Normalmente el almuerzo incluía el verdadero jamón planchado con arroz apastelado, plátanos en almíbar con canela y vegetales frescos. Se sentaban todos en la mesa, el hijo mayor, Alejandro daba las gracias al padre por todos sus sacrificios y su dedicación a ellos. Se brindaba con un buen vino y de postre, pie de limones del patio o lechosa en dulce, también del patio. Otra opción era la lechosa o papaya con queso blanco. Todos y cada uno le decía algo al padre. Era un día de muchas emociones.

Eran famosas y muy tradicionales en Mayagüez las famosas retretas. Las retretas no eran otra cosa que conocidas bandas u orquestas que deleitaban al público con su exquisita música. Las mismas se llevaban a cabo frente a la Correccional, a lo último de Guanajibo, en el Parque Suau ubicado en lo que es hoy el viaducto y en la Plaza de Colón. Posterior al padre llevar a los hijos a las retretas se partía hacia la casa de don Alejo a una comida ligera o a tomar un chocolate caliente con mallorcas u otro bizcocho. Todo era reunir las amistades para terminar la noche disfrutando de la compañía y de los posteriores comentarios, que en algún momento tienen que haber hablado a escondidas del abuelo, de la novela real del momento "el amor imposible".

Dentro de esas actividades la más anhelada del padre era la famosa Despedida de Año junto a sus hijos, hermanos y cónyuges, cuñados, vecinos y familiares tanto por los Bravo como por los Torruella Rousset. Sin duda la más esperada por la familia, pues se recibían amistades y familiares, muchos de ellos no vistos por algún tiempo o por todo un año, pues algunos venían desde Ponce, como su hermana Consuelo y su esposo José Miguel Morales e hijos, y otros venían de San Juan, como la querida Pepa Rousset, prima de Maya, junto a su esposo Henry Nelson e hijos y Adriano González de Arecibo junto a su familia, incluyendo a la prima Irma, que no podía faltar. Se servían pasa palos de los ya descritos, pero las almojábanas tres quesos no podían faltar. Se brindaba con champaña a las doce de la medianoche para luego una gran cena donde el pernil de Navidad de la tía Malen siempre estaba presente, al igual que los pasteles hechos por doña Sallo y el tembleque de postre.

Sin embargo, fuera de toda duda, la actividad más grande, elegante y significativa celebrada en la Casa Amarilla fue la recepción de la boda de la tía Yiya, María Luisa Bravo Torruella. La hija hembra mayor, la primera hija que se le casaba. El afortunado era un caballero ponceño llamado Antonio Cabassa Mayoral. Las tías Malen Torruella de Gutiérrez y Carmen Torruella Rousset ayudaron a preparar a la novia y a su ajuar. También trabajaban la decoración, en sustitución de su señora madre, María Luisa Torruella Rousset, ya fallecida. Como era de esperarse Yiya también contribuyó en la decoración floral, dadas sus destrezas con las flores.

A la boda invitaron Alejandro Bravo González y Petra Mayoral Vda. de Antonio Cabassa Pica. Se celebró la boda el día 29 de diciembre de 1929 en la Iglesia Nuestra Señora del Carmen de Mayagüez Playa en horas de la noche. Fueron padrinos del enlace don Alejandro Bravo González, padre de la novia y doña Julia Cabassa de Boothby, tía del novio y familia política de la novia. La dama de honor fue su hermana Dora y como damas se designaron a su hermana Olga, su prima Raquel Bravo y sus amigas Olga Santaella, Mercedes Ramery, María T. Lloreda, Nereida Boothby, Laura del Valle, Carmen Judith Ramírez, Milagros Gómez y Elsie Aguilar. Llevaban la larga cola del traje de la novia sus hermanas menores, Delta y Lygia.

La Casa Amarilla, muy cerca de la Iglesia, abrió sus puertas de par en par para recibir a tantos y elegantes invitados, todos de estricta etiqueta. La novia vestida muy elegante por traje confeccionado por sus ya mencionadas tías y el novio en levita negro y sombrero de copa alta recibieron a los invitados junto a sus padres y las tías Malen y Carmen Torruella, quienes sirvieron de anfitriones en tan exquisita recepción. El champagne francés fue la orden de la noche. La comida, exquisita, platos tanto de entremeses como lo servido como platos principales. Comida gourmet y latina para complacer los gustos más exigentes. La comida latina o criolla se hizo en la casa por doña Sallo y otro personal de la casa de las recetas familiares, todo dirigido por Malen y Carmen. La otra comida fue confeccionada por el joven español de la casa E. Franco, Carlos López, quien se lució en la preparación de los platos servidos. Entre ellos, pavo con pate fois gras, pato a la orange, antipasto de buches de bacalao, pierna de jamón gratinada en jalea de arándanos, pernil de cerdo festivo. El bizcocho, una verdadera obra de arte elaborado por la ya conocida repostera y confeccionadora de bizcochos de cumpleaños y bodas, la mayagüezana, vecina y amiga de la novia y familia, María Luisa Falbe. El mismo era de cuatro pisos con detalles en color de rosa y flores de rosas.

La música estuvo a cargo de Balbino Trinta[40], conocido músico y maestro de piano mayagüezano junto a Miguel A. Maymón al violín, tocando las más bellas danzas del tiempo. La novia en la primera pieza con el novio, abanico en mano durante el paseo parecía nuevamente una reina. El abanico pintado a mano fue regalo de bodas de sus primos hermanos,

---

[40] Balbino Trinta, reconocido músico y pianista mayagüezano. Maestro de piano en la Escuela Libre de Música y en clases privadas. Famoso por sus conocimientos musicales y por su vestimenta de traje blanco inmaculado.

Albertito Bravo y su elegante esposa, Mary del Valle. La pieza "Tú y yo" de Mislán y Bécquer fue la escogida, pues era pieza especial de los padres de la novia. Posteriormente tocaron la danza "Mis amores" del genio mayagüezano Simón Madera, pieza que siempre se tocaba en todas las bodas de Mayagüez en aquellos tiempos.

Definitivamente, la boda de la tía Yiya fue la actividad más amena, elegante y concurrida celebrada en la Casa Amarilla. Como se diría entonces y se dice ahora, el abuelo "tiró las puertas por la ventana". Dicha boda fue reseñada en las páginas sociales de varios periódicos de la época.[41] Dícese que el músico y cantante mayagüezano, Miguel A. Maymón, que recién había comenzado a dar sus pasos en esos menesteres, esa noche estrenó su composición romántica "Te adoro"[42] que tanta fama posteriormente le dio.

[41] Periódico de la época, principios 1924, Boda Cabassa Mayoral-Bravo Torruella, celebrada el 29 de diciembre de 1923 en Mayagüez, Puerto Rico. Verdadero acontecimiento social.
[42] Mayagüez sabe a mangó, "Artistas y músicos mayagüezanos" 2015, Miguel A. Maimón, músico y compositor mayagüezano, mayormente de canciones románticas, entre otras, Te adoro.

Las enfermedades del abuelo, su muerte y la pérdida de la Casa Amarilla

La primera enfermedad que el abuelo empezó a sentir, fue el descenso en sus ingresos. Con el progreso que trajo el puerto y el dinero americano, moviéndose rápidamente, y la facilidad de importar y exportar mercancía hacia los Estados Unidos, ya no existía la exclusividad con los productos del abuelo. Ya no había una, sino cuatro centrales azucareras del área produciendo azúcar refinada, y cada una de ellas exportando hacia los mercados de los Estados Unidos. Habían llegado muchos productos estadounidenses, como óleo margarinas, mantequilla, quesos de distintas marcas y distintos precios. La industria ganadera nativa desarrolló también productos lácteos que le hacían la competencia, al igual que varias otras firmas de barcos de madera comenzaron a importar a la isla y al puerto de Mayagüez.

Se estableció una competencia fuerte, agresiva, antes inexistente. Ante esa perspectiva iban disminuyendo significativamente las ventas de su negocio y por ende sus ingresos, no así los gastos de la casa. El abuelo entendió que haciendo un préstamo hipotecario podía ayudar a mejorar las finanzas de su negocio y sus finanzas, y así lo hizo. Sin embargo, esto no ayudó, pues, siguieron mes tras mes decayendo sus ingresos, no así sus gastos.

Para 1932 se complicó aún más la situación, pues la salud del abuelo comenzó a decaer. Empezó a desarrollar unos malestares, unos cansancios, unas fiebres bajas pero molestosas. El mismo no se podía explicar lo que le estaba ocurriendo a su cuerpo, hasta entonces tan sano. Su productividad comenzó a disminuir. No pudo, aunque quería, ir a trabajar todos los días. Ya en esta etapa tuvieron que disminuir los empleados en la casa y quedarse únicamente con una empleada, la cocinera, la querida doña Sallo. Ya había dos hijos casados y quedaban seis en la casa, más el abuelo.

Se tuvieron que redistribuir tareas entre doña Sallo y los seis hijos para mantener una casa tan grande. Comenzaron a disminuir y luego acabar las tertulias reflexivas con los amigos, las actividades de fiestas grandes en despedidas de año, navidades, reyes y carnavales que se celebraban por lo alto en la casa. La compra de exquisiteces y lo que deseaban hubo que cambiarlas por compras de lo necesario. Los regalos de buenas prendas a las hijas terminaron.

La salud del abuelo siguió deteriorándose. Ya no solo eran las fiebres y malestares, sino que sufrió de carios furúnculos[43] abdominales que estaban siendo tratados por su médico. En cierto momento, luego de extirpar esos furúnculos, salieron más y más y con fuerza. El abuelo agravó, cayó en cama, los gastos aumentaron con su enfermedad, no así los ingresos. El doctor diagnosticó que ya su enfermedad era sistémica y su condición paliativa. Alejandro, Jr., fue quien estuvo al frente del negocio. Tenía que mantener a su propia familia, más proveer para la casa de su padre, quien le había delegado las responsabilidades del negocio. Fue entonces cuando Alejandrito se llevó a vivir a Orlando a su casa, para disminuir gastos en la Casa Amarilla. Orlando tuvo que abandonar el Colegio de Agricultura para integrarse al negocio, tratar de aumentar las ventas y producir más dinero para la familia. Héctor tendría que hacer lo mismo en un futuro cercano, siendo estudiante sobresaliente de escuela superior.

---

43 Diccionario de la Real Academia Española, 2014, Furúnculos, abscesos de pus y tejido necrótico comió

El padre, la figura principal, el patriarca, el otro patriarca, el patriarca de los ocho Bravo Torruella estaba muy enfermo. El que los crió sin una madre, que se ocupó de echar a sus hijos hacia adelante, quien se ocupó de dar el todo por ellos, el que acompañaba a sus hijas a los bailes del Casino y del Centro Español, a los carnavales, a las verbenas de la Inmaculada, a las retretas en los distintos lugares de Mayagüez, al teatro y a todas las actividades donde participaban sus hijos, yacía ahora con su enfermedad. Era el tiempo de sus hijos sacrificarse por él. Así lo hicieron sin reparos. Olga y Dora trabajaban en los talleres de costura y eran las mayores responsables en el cuido del padre y del orden en la casa.

Orlando y Alejandrito estaban en el almacén. Ayuda, cooperación, unión, apego. De haber vivido una vida de privilegios, de muchos privilegios, se enfrentaron a una vida de limitaciones, sin mayores quejas, con la frente en alto. Delta, Lygia y Héctor todavía estaban estudiando, pero también cooperando en las tareas que les asignaran los mayores. El abuelo se seguía deteriorando física y emocionalmente. Las medicinas, los ungüentos, las visitas médicas, los gastos de la casa hicieron que el abuelo se atrasara más en los pagos de la hipoteca.

Agobiado por el dolor físico, al darse cuenta que su vida se iba apagando lentamente, se fue deprimiendo más y más, lo que hacía que se acelera su enfermedad. Estaba herido física, pero también emocionalmente dadas las deudas acumuladas, y él sin poder hacer nada. Hizo llamar a uno de sus hermanos y, utilizando la frase pueblerina "y como diría el poeta, es mejor olvidar el nombre", hermano muy unido a ellos, que estaba en una posición económica muy, muy holgada. En su lecho de muerte le pidió a su hermano le saldara la deuda de $5,000.00 de la hipoteca de la casa para que sus hijos no la perdieran. Más de un hijo fue testigo de esa conversación. El abuelo le dijo a su hermano, "Es en condición de préstamo que te lo pido, pues mis hijos con su trabajo te lo irán pagando. No tenemos esa cantidad, estamos próximos a perder la casa, sabes lo responsables que son tus sobrinos y esa deuda se pagará en su totalidad". El hermano del abuelo, sin titubear le dijo que no había problemas, que así él lo haría. Que se fuera en paz y tranquilo.

Días después de la conversación con su hermano y en la tranquilidad de una misión muy bien cumplida y ver ya la cosecha rindiendo frutos y seguro del acuerdo con su querido hermano, se fue a descansar a la Luz Perpetua a los brazos del Padre y en la búsqueda de su amada, para así dormir en su regazo. Le acompañaban sus ocho hijos a su alrededor y como siempre, Paco Nazario mitigando el dolor del moribundo. Se fue la piedra angular de la familia, se fue el patriarca, se fue el que con su rectitud y amor crió y educó ocho hijos. Se fue físicamente, pero sus enseñanzas quedaron. Quedó el recuerdo de un hombre fuerte de carácter, pero muy preocupado y pendiente de sus hijos, quedó la unión entre esos hermanos.

Su muerte ocurrió a mediados de 1932, trece años después de la partida de su amada Maya. El velatorio se realizó en la Casa Amarilla, donde sus ocho hijos recibían a familiares y amigos que venían a presentarles sus respetos. Los hijos pensaban llevar el cuerpo del padre a la Iglesia del Carmen, como ocurrió con su madre, para un responso mortuorio y se hicieron las debidas peticiones.

Inesperadamente, momentos antes de partir la comitiva fúnebre de la residencia, recibieron la noticia que no podía ser llevado a la Iglesia Católica debido a que él era masón. Sus hijos no esperaban jamás esa respuesta, pues las mujeres estudiaban o habían estudiado en escuela católica y nunca les habían cuestionado a ellas ni al padre sus prácticas masónicas y le aceptaban con mucho agrado los donativos a la escuela y la parroquia. Muy dolidos sus hijos, allí en la residencia se encontraba el Gran Maestro de la Logia de Mayagüez, la legendaria Logia Adelphia[44] y muy gentilmente ofreció los salones de la misma para celebrar la ceremonia mortuoria en dicho lugar, y así se hizo.

Fue trasladado de la residencia hacia la histórica Logia Adelphia en la Calle Sol. Se le rindieron los honores póstumos, se elevaron preces al único Dios, arquitecto del Universo. De allí hacia el mausoleo familiar, en el Cementerio Municipal de Mayagüez, donde fueron depositados sus restos, no sin antes su hijo Alejandro, Alejandrito, despedir el duelo en nombre de los ocho hijos. En breves pero elocuentes y emotivas palabras su hijo mayor describió a ese padre que sin una compañera de vida, con rectitud, disciplina, pero con mucho amor había criado con profundos valores y principios a sus ocho hijos. Sus últimas palabras fueron, "GRACIAS, Papá." Sus restos fueron depositados junto a los de su Maya, para así descansar juntos eternamente.

Los días siguientes no fueron fáciles. Había que seguir viviendo, había que seguir produciendo, había que pagar muchas deudas, entre ellas la hipoteca de la casa que estaba atrasada y ya con cartas bancarias sobre dichos atrasos, pero había la certeza que esa deuda sería cancelada, según los acuerdos de honor con el padre. Alejandrito, ya con la ayuda de Orlando, de Dora y de Olga pudieron sobrellevar la carga de los gastos diarios y pagar las deudas de medicamentos

---

[44] Logia Adelphia, primera logia masónica que fue establecida en todo Puerto Rico, año 1871, ubicada en la Calle Sol de Mayagüez.

incurridas por el padre durante su enfermedad, no así la hipoteca.

Los meses fueron pasando y los hijos seguían recibiendo cartas de cobro del banco y el tío al principio les dijo que esperaran unos días y los días en semana y las semanas en meses hasta que el banco les dio unos días para el desalojo. Al ir a hablar con el querido tío por última vez, este les dijo que se imposibilitaba saldar la deuda ya que había tenido unas necesidades imprevistas. Días más tarde llegó la notificación final y firme de desalojo.

¡Qué dolor, pesar, tristeza, la casa que los vio nacer, que los protegió del temblor de 1918, que los salvaguardó de huracanes, que sirvió de templo vivo del amor, donde retumbaban los acordes de la abuela tocando las danzas del tiempo, que recordaba la mesa del comedor presidida por el padre, la mesa de los domingos, los jardines de ilán ilán y las madreselvas doradas, los jardines de las rosas y las violetas que llevaban semanalmente a la madre al camposanto! ¡La celebración de la despedida de año, la casa que el abuelo le regaló a su amada para ella y para el fruto de su amor¡ Otra muerte más. Esta vez moría la casa.

Antes de despedirse de su casa, la *Casa Amarilla de amor y de lágrimas*, se dice, se comenta entre la familia que dos tías, Yiya y Bebé, la esposa de Alejandrito, hicieron varias veces sahumerios en el patio, al igual que otras actividades espirituales para ver si un milagro, algo sobrenatural los ayudaba. Probablemente, aunque nunca lo dijo, la tía Olga arrancó ramas de palo santo y las pegaba en algunas partes de la casa, como hacía en los juegos de pelota, para darle suerte y pegarse en alguno de los juegos del tiempo y poder saldar la deuda. ¡Quién sabe cuántas promesas le hizo a su santo preferido, San Expedito, de quien siempre tuvo una imagen de éste en su mesita de noche!

No funcionaron ninguno de los ejercicios espirituales ni las promesas, antes hechas, y tuvieron que salir del nido de amor y recuerdos y salir como huyendo de algo que había sido construido para ellos, que ellos consideraban tan de ellos y conseguir a la ligera una casa alquilada donde pudieran acomodarse los cinco hermanos que todavía residían en la casa.

Adiós a sus sueños del pasado, pero con la fibra y coraza de sus antepasados que tuvieron que salir huyendo de España siglos atrás por sus convicciones religiosas de sefarditas no conversos. Así mismo hicieron estos Bravo, los Bravo Torruella, irse de donde todo empezó y comenzar de nuevo como aquellos, totalmente desnudos. En ese momento ellos pensaron que el destino fue cruel. La traición duele, el universo ajusta cuentas.

Logia Adelphia, donde se realizaron los servicios fúnebres del abuelo, Alejandro Bravo González

Fotos actuales del Antiguo Cementerio de Mayagüez

Entrada al cementerio

Panteón Bravo, construido en 1878

La semilla de la Casa Amarilla

Cuando sembraron la madreselva en La Casa Amarilla, que crece fuerte y se adhiere con furia y tesón, que siempre trepándose va, así mismo sembraron la semilla de los ocho de dicha casa. Con coraje y valentía, pero también con mucho amor, pasión y ternura. De la madre sacaron la ternura, la ilusión; de los genes Bravo y de los de Pardo, el estoicismo, la fortaleza y el tesón.

Tuvieron que abandonar la cuna, el jardín, la flor, las rosas y las violetas, los recuerdos, pero la semilla madreselva, la semilla germinada, esa solo se la quita Dios. Así fue, solo se las quitó cuando los llamó. El amor y el dolor son uno, el que más los unió.

"¡Ah desgraciado, si el dolor te abate,
Si el cansancio tus miembros entumece!
Haz como el árbol seco, reverdece
Y como el germen enterrado: late."
"De la tormenta al iracundo empuje,
No has de balar, como el cordero triste,
Sino rugir, como la fiera ruge.
¡Levántate! ¡Revuélvete!, ¡resiste!"

Así se levantaron juntos, ayudándose unos a otros, trabajando, estudiando. Trabajando fuerte con honradez y respeto.

Alejandrito, fuerte y saludable, ya casado con Elizabeth (Bebe) Ramírez quedó al mando del negocio del abuelo. Ayudó incansablemente junto a sus hermanos a echar hacia adelante la familia. Hombre recto, comerciante inteligente e íntegro. Estabilizó las arcas del negocio familiar y posteriormente partió hacia San Juan, la Capital, en busca de nuevos senderos, no sin antes dejarle el negocio familiar en manos de su hermano Orlando. Vivió en San Juan muy bien el resto de su larga vida, pero nunca dejó de venir con regularidad a visitar sus hermanos a Mayagüez. Nunca, ni ya anciano, dejando el rol de hermano consejero, orientador, de hermano mayor. No puedo olvidar, ante la muerte inesperada del primero de los hermanos, Orlando, el desasosiego de todos ellos y él, el más unido de todos a Orlando, en total compostura dando fuerza y fortaleza.

María Luisa, la que llevaba el nombre de su madre y de quien heredó el amor por los bonitos jardines, la de las manos bendecidas con las matas, la que hacía de cada mata una flor y de cada flor un regalo. Luego de trabajar un tiempo como secretaria ejecutiva bilingüe en San Juan, y luego de tomar varios cursos de floristería regresó a hacer lo que amaba desde niña, a trabajar con las flores. Trabajó por varios años en una reconocida floristería de la Capital, para eventos grandes, mayormente bodas y fiestas de alta elegancia. Fue reconocida por sus destrezas y conocimientos como una excelente florista.

Dora, de carácter fuerte, estoica, trabajadora fiel. Desde muy joven fue jefa de talleres de costura de empresarios estadounidenses judíos. Interesante, volver a relacionarse con judíos como su abuelo. En estos talleres asume posiciones de mucha responsabilidad, con mucha responsabilidad y lealtad a sus patronos y a su trabajo. Luego de la partida de los talleres de Mayagüez, trabajó en la librería del Recinto Universitario de Mayagüez, el Colegio de Agricultura, la tía que más apodos le pusimos sus sobrinos, por ser tan cariñosa y alcahueta con todos nosotros. Titi Yoyin, Yoya, Ruacha, Raucha, entre otros.

Olga, la del medio del ramillete quizá por eso fue la unificadora siempre, la unificadora de la familia. Dícese que cuando jóvenes, si había una discusión entre los hermanos ella servía de interventora entre ellos. Se llevó el premio "valedictorian" al graduarse de cuarto año de escuela superior de la Academia de la Inmaculada Concepción, el premio del promedio más alto en el programa de comercio. Fue, al igual que Dora, jefa de talleres de costura pertenecientes a los judíos norteamericanos. Ella era jefa de la sección de terminado y embarque y siempre me contaba que todos los martes se quedaba esperando el tren que iba hacia San Juan y hacía su parada en Mayagüez Playa a las dos de la madrugada. Trabajó arduamente por muchos años con jefes judío-americanos y posteriormente en el taller de guantes de su tía Malen, Malen Torruella de Gutiérrez. Al cerrar los talleres en Mayagüez, fue a trabajar a la oficina de representación de vapores de su hermano Orlando, y al fallecimiento de éste continuó trabajando con el hijo de Orlando, su sobrino. La tía Olga trabajó ininterrumpidamente por más de sesenta años.

Orlando, casado con Nydia Nazario, fue un comerciante altamente respetado. Heredó la marca de comestibles y lácteos Brookfield de su hermano Alejandro, éste habiéndolo heredado de su padre. Heredó, además, la representación de los barcos de madera, ya en decadencia, pero por sus años de servicio de excelencia con dichos vapores, le ofrecieron posteriormente a ser "bróker" o representante de vapores en Mayagüez. Aceptó y obtuvo la licencia para ello. En un momento dado, todos o casi todos los vapores que entraban al puerto de Mayagüez tenían que pasar por sus manos. Dada su rectitud, laboriosidad y conocimientos en la materia, fue considerado hasta el día de su inesperada muerte como de los agentes de vapores más íntegros, honestos y respetados que hayan tenido Mayagüez y Puerto Rico. Fue querido por gerentes y obreros en el legendario puerto de Mayagüez. Sirvió en muchas ocasiones de mediador en los conflictos obrero patronales del puerto, entre patrono y unión, para evitar el cierre del mismo. A su muerte, un conocido abogado, ex fiscal y vecino, el licenciado don Luis Ángel Limeres Nazario, llamó a Orlando, en un periódico local, el "amigo incondicional".

Delta, la diferente, la que coloreaba de niña, a lo que ni sus tías ni su padre entendían lo que coloreaba. La que en la juventud fue vanguardista. Una de las pocas mujeres que entró y aceptó el reto de estudiar en una universidad predominantemente de hombres y machista de ese tiempo, el legendario Colegio de Agricultura y Artes Mecánicas de Mayagüez. La que a escondidas del padre corría motora junto a sus amigos. Fue una de las precursoras puertorriqueñas en el arte de la pintura abstracta, conocida como Delta de Picó, junto a otra mayagüezana, Noemí Ruiz. Sus pinturas fueron reconocidas en el país, en exposiciones en Estados Unidos y en varios otros países y continentes, donde realizó innumerables exposiciones. También fue Cofundadora de la hoy muy conocida Liga de Estudiantes de Arte de San Juan y su primera directora por muchos años.

La Liga hoy es una de las instituciones más destacadas en Puerto Rico, donde se ofrecen clases de arte a niños, adolescentes y adultos a unos precios muy razonables, aparte de otorgar becas de estudio. Esa labor de la tía Delta en la Liga, ha dejado un legado incalculable al arte plástico en Puerto Rico. De ahí han salido artistas de la talla de Carmelo Sobrino y Frances Picó, entre muchos otros. La galería principal de la Liga de Estudiantes de Arte de San Juan lleva su nombre, Galería Delta de Picó. Vale señalar, que la tía Delta, aunque mayagüezana de pura cepa, vivió luego de casada con Frank Picó casi toda su vida en San Juan y toda su obra artística salió originalmente de San Juan. Probablemente esta sea la razón por la cual, cuando se habla y se reseña sobre los pintores mayagüezanos a ella no se le menciona. He aquí el comienzo.

Lygia, con esa ni su tía Malen ni su padre se confundieron. Desde muy niña pintaba paisajes exquisitos. De adulta y en su tiempo libre, como pasatiempo favorito, "su hobbie", era la pintura. Tenía en su casa un amplio cuarto, su estudio de pintura. Mudó muy joven de Puerto Rico, a Miami, Florida, un tiempo luego de su matrimonio con Carlos Villa. Fue pintora paisajista, de muchos y muy delicados detalles. Aparentemente la nostalgia hacía que pintase los flamboyanes y acacias rosadas más bonitos que nos podamos imaginar. En la residencia de la mayoría de sus sobrinos hay una obra de arte de ella, al igual que una de la tía Delta. Una pintora abstracta y otra paisajista. Lygia fue, además, junto a su esposo, una persona muy exitosa en el campo de los asuntos de bienes raíces en Miami.

Héctor o Heco, como le decían algunos de sus hermanos, fue el benjamín que fuera criado por sus hermanos mayores y su padre, pero según antes indicado, muy especialmente por su hermana mayor, Yiya. Fue una relación de madre e hijo. No conoció a su madre pues él apenas tenía dos años y medio cuando esta murió y probablemente nunca se acordaría de los mimos de ella. Recibió mucho, mucho amor de Yiya y de sus otros hermanos mayores. Era considerado muy inteligente y autodidacta. En las matemáticas y en geografía era un experto. Levantó un muy exitoso negocio en su querido pueblo de Mayagüez.

Muy reconocido líder cívico, su obra se realizó a través del Club Rotario de Mayagüez, del cual fue socio por más de treinta años, en la Parroquia San Vicente de Paul, en el Barrio Guanajibo de Mayagüez, al ayudar arduamente para la construcción del templo que hoy alberga la iglesia. Fue uno de los feligreses más activos en su misión de ayuda a los necesitados, así como presidente en dos ocasiones de la Liga Puertorriqueña contra el Cáncer, Capítulo Ponce-Mayagüez. En ambas sobrepasó las expectativas anuales de recolecta de dinero para mejoras al hospital oncológico de la región.

Amante de todos los deportes, pero muy especialmente del volibol, la pelota y el baloncesto, jugó de joven por un tiempo con el equipo de la Liga Superior de Mayagüez de voleibol. Recorría la isla para ver jugar a los Indios de nuestro pueblo al igual que a los Atléticos de San German ya que Mayagüez en esa época había perdido la franquicia. Extraordinario jugador de domino, aunque lo hacía por diversión con sus amigos, también ganó varios torneos en su pueblo, como en otros de la isla.

Vivió hasta sus últimos días pendiente de sus hermanas, ayudándolas en todo lo que fuese necesario, esto con el apoyo total de su esposa Ana Luisa (Anita) Vick, mi madre. Nunca olvido las constantes palabras de mami, "acuérdate de quien eres hoy, se lo debes a tus hermanas". Nuestro padre sentía quizá la necesidad de recompensar lo que ellas siempre le dieron mientras él era pequeño.

Luchó por años como un guerrero incansable con la cruel enfermedad del cáncer y por esto fue colaborador eterno de la causa de los enfermos de cáncer, pues vivía en carne propia el dolor y el pesar de dicha cruel enfermedad. Luego de casi quince años luchando contra ella, sucumbió, pero no sin antes dar su buena batalla, como incansable guerrero que fuera y como nos enseñara con disciplina y ejemplo a nosotros, sus tres hijos. Para él había que luchar en la vida y trabajar incansablemente. Creo que su pensamiento caló hondo en sus hijos, pues los tres salimos "workohólicos".

Por lo visto, la semilla germinó muy bien. Germinó con mucho amor. El amor entre los hermanos no lo mató nadie, por el contrario, las rosas y las violetas crecieron en el corazón de ellos y creció como la madreselva en flor e igual que cuando pequeños en su amada Casa Amarilla, recordaban ellos:

Asoma la casa a gritos
Y, corriendo hasta rendirse
Como tienen para verse
Corazón y ojos de lince[45]

Y como cuando tarareaban, en el patio ladrillado el tango de Amadori, hecho famoso por Gardel, allí se encontraron todos, en "el jardín todo sembrado, de rosas y de violetas y madreselvas doradas" para nuevamente cantar:

"Madreselva en flor que me vio nacer
Y en la vieja pared sorprendieron mi amor
Madreselva en flor, que trepándose va"

Esa semilla también germinó en fortaleza. Las lágrimas se quedaron en la querida Casa Amarilla y repetimos de, de Diego:

"El germen enterrado, late
Resurge, alienta, grita, anda, combate;
Vibra, ondula, retruena, resplandece"
Y como decía la tía Delta en su bello poema:
"Y para vivir de nuevo
Los días que ya pasaron
Voy a amarrar mis recuerdos

---

45 Ibíd., extractos del poema Amor niño.

No se sigan olvidando"
Y por lo tanto:
"Amarremos los recuerdos,
De esta familia hermosa,
Para que el tiempo no se lleve
La historia de ella preciosa."[46]

FIN

---

[46] Héctor Bravo Vick, 2010, extracto de versos libres escrito ante la muerte del último de los Bravo Torruella

Nota de interés especial

Durante el transcurso de la narración de la parte histórica de este relato, he hablado en varias ocasiones sobre el fallecimiento de algunos de los personajes reales. Se ha indicado que estos han sido sepultados en el panteón de la familia Bravo, ubicado en el Cementerio Municipal de Mayagüez. He creído pertinente hacer una mención especial sobre dicho lugar, el Panteón Bravo, en el antes llamado Cementerio Municipal, luego el Viejo Cementerio Municipal y hoy, luego de cumplir sus cien años, el Antiguo Cementerio Municipal de Mayagüez.

El lote fue comprado por el patriarca, don Luis Bravo Pardo inmediatamente se comienzan a vender los lotes de ese "nuevo" cementerio, "libro 1, folio 44". El cementerio fue abierto para su uso en 1877, según se lee sobre la puerta de entrada principal en forja de hierro y según lo escribe en su libro sobre la arquitectura clásica de Mayagüez el Dr. José María Álvarez Cervera. En el año 1878 se terminó de construir el Panteón Bravo. Asumo que fue el segundo construido, pues el de la familia Tolosa, del ingeniero que construye el cementerio, don Tomás Tolosa, tiene fecha de 1876. Mientras el ingeniero iba construyendo el amplio cementerio, iban también armando las piezas del mausoleo de mármol que según lee en una de sus esquinas, dichas piezas fueron traídas desde Italia. Por lo tanto, el primer panteón fue el de la familia Tolosa.

Hay otros dos lotes después del de la familia Tolosa. Uno de ellos el de la familia Cristy, que tiene una fecha anterior a 1877. Éste es uno pequeño, muy bonito, de una pieza en mármol. Entendemos que dicha pieza fue traída del otro cementerio, específicamente el que ubicaba en los terrenos de lo que es, hace años, el Hospital San Antonio en la Calle Post en el centro de Mayagüez.

Por lo tanto, luego de analizar las lecturas del Dr. José María Álvarez Cervera, en su libro *La Arquitectura Clásica de Mayagüez*, de varios recorridos por los doce recintos antiguos que menciona Álvarez Cervera como los representativos de la edificación clásica de enterramiento en Mayagüez y por revisión visual en varias ocasiones de otros recintos fúnebres antiguos en dicho camposanto, ningún otro mausoleo tiene fecha anterior de 1878. Esto nos lleva a concluir que el panteón original y único construido para don Luis Bravo Pardo, de la familia Bravo, fue el segundo construido en el Cementerio Municipal de Mayagüez.

Describe el panteón familiar Bravo Álvarez Cervera en su libro, ya varias veces mencionado sobre la arquitectura clásica de Mayagüez, de la siguiente manera:

"Fue construido en el año 1878. Es de plataforma cuadrada y lleva frontis que exhibe dos juegos de triples columnas con capitel jónico esquinado, fuste alternante y pequeño frontón decorativo, de líneas rectas sobre el vano en dintel. La obra está cubierta por una gran cúpula aristada sincrética. Quizá lo más significativo corresponde al friso que contiene unos esquemas en donde se mezclan armoniosamente lo floral (coronas) y lo esquemático. Son alegorías sobre la vida y la muerte."

Deduzco que el primer enterrado en ese panteón lo fue Carlos Bravo González, hijo de don Luis y doña Santos quien había fallecido muy joven en un triste accidente varios años antes que sus padres. Luis, el hijo mayor de dicho matrimonio había fallecido también antes que sus padres, pero fue enterrado en otro panteón, muy cerca del aquí mencionado.

Posterior a Carlos fue sepultado el patriarca, Luis Bravo Pardo. Reseña el periódico *La Correspondencia* del 30 de julio de 1906, que "fue de las pompas fúnebres más concurridas en el pueblo de Mayagüez" donde la comitiva partió de la residencia de don Luis en la Calle Libertad con Méndez Vigo y McKinley hacia la Iglesia Nuestra Señora de la Candelaria, todos a pie y con la representación de todas las organizaciones a las cuales él perteneció o representó y:

> "...donde el día 29 de julio de 1906 frente al panteón de la familia Bravo y la fosa de su íntimo amigo, Luis Bravo Pardo, entre un remolino de millares de personas, surgió la figura simpática del orador entre oradores, el señor José de Diego, inspirado por Dios, pronunció la oración fúnebre más hermosa y elocuente de cuantas ha pronunciado en su vida el orador".

Algo más de un año después de la muerte de don Luis Bravo Pardo le siguió su esposa María de los Santos González Izquierdo, quien dijo ante la muerte de su esposo: "te seguiré paso a paso". Su muerte, según se cuenta, fue producto de la pena de la separación física que había sufrido con la pérdida de Luis Bravo Pardo. Hoy ambos reposan juntos. Luego, muchos de los descendientes de don Luis y doña Santos han sido sepultados en el mismo panteón.

Los que reposan hoy en el panteón familiar son el primer Bravo, don Luis Bravo Pardo y su esposa doña María de los Santos González Izquierdo, los hijos de ellos, Carlos, Alberto y su segunda esposa y viuda Emilia Nadal Santa Coloma, Alfredo y su segunda esposa y viuda Carmen Koppich y Alejandro y su esposa María Luisa Torruella Rousset. Los nietos de éstos, Judith Bravo Rosselló, Alfredo Bravo Cabassa, Carmen Nora Bravo Koppich y los nietos Bravo Torruella, María Luisa y esposo Antonio Cabassa Mayoral, Dora, Olga, Orlando y su esposa y viuda Nydia Nazario Grilo, Delta y Héctor. La esposa de Héctor, nuestra querida madre, por petición de ella tiene un especio ya reservado ahí para reposar junto a su amado, nuestro padre.

Dicho panteón es arte y es historia pues "es representativo de la edificación clásica de enterramiento de la ciudad" y fue frente al mismo que el insigne poeta don José de Diego le dedicara a su íntimo amigo, Luis Bravo Pardo "la más bella de las oraciones fúnebres compuestas por él". Ahí se encuentran sepultados desde finales del siglo diecinueve y durante todo el siglo veinte y principios del siglo veintiuno nuestros antepasados. Yacen ahí descansando en la paz del sepulcro familiares sepultados en tres siglos distintos. Ahí reposan los pilares, simbolizados por las columnas, de una familia honesta y recta, representados por las líneas rectas de la estructura, toda una buena familia mezclándose armoniosamente, como la misma edificación.

Es para nosotros los descendientes de la familia Bravo Torruella un honor el haber conservado y seguir conservando este monumento centenario, este tesoro arquitectónico, preñado de tanta historia, de tantos recuerdos y símbolo de fortaleza y unión familiar.

Notas de referencia

Las siguientes anotaciones presentan al lector un trasfondo ampliado sobre las particularidades aquí descritas. Estas líneas complementan algunas de las notas al calce del texto.

1. Del *Real Decreto* de 10 de julio de 1877 concediendo a la Villa de Mayagüez, Título de Ciudad. Este decreto es fundamental para el estudio de la historia de la ciudad de Mayagüez, es reflejo de la importancia que había adquirido en ese momento.

2. "La corte temblaba, cuando Martínez Nadal entraba" era una expresión pueblerina, muy conocida en Mayagüez, referente a la sagacidad, inteligencia y estrategias utilizadas, para describir las gestiones en la corte de justicia, por el jurista, político y hombre de leyes, don Rafael Martínez Nadal.

3. Lola Rodríguez de Tió, conocida también como Lola de América. Poeta, patriota sangermeña, vivió varios años en la Calle Méndez Vigo de Mayagüez. Abogó por la independencia de la isla durante el régimen español. En su residencia en Mayagüez se celebraban constantes tertulias políticas y literarias. Allí, según la teoría de don Benito Gaudier y don Martín Gaudier, es que ella canta por primera vez, *La borinqueña*, como himno patriótico de Puerto Rico, de la música de *Bellísima trigueña* de Félix Astol y la letra patriótico revolucionaria de doña Lola. Posteriormente vivió en el exilio, mayormente en Cuba.

4. Wilbert Pagan, *Historia y arquitectura de Mayagüez*, 2015 página digital y Silvia Aguiló Ramos en *Mayagüez, notas para su historia*, "Bizcochón", así le llamaban al teatro cuyo nombre oficial era Teatro Francés de Mayagüez construido en 1884. Ese sobrenombre fue puesto por la gente del pueblo por su estructura muy rebuscada. Decían que se parecía a un bizcocho muy decorado.

5. Simón Madera (1875-1957), nació en Mayagüez en el año 1875. Genio musical quien a los 12 años ofreció su primer concierto donde estrena su composición, el vals *Juanita*. A los 16 años es nombrado director de la Banda Municipal de Bomberos de Mayagüez y a los 18 años compone la danza *Mis amores*, su más laureada composición. Tocaba varios instrumentos musicales, entre estos violín, piano y saxofón.

6. Roberto Cole (1915-1983), compositor, arreglista, melodista, instrumentista mayagüezano. Se le venera como una de las figuras representativas de la música romántica de Puerto Rico. Entre de sus composiciones sobresalen *Romance del campesino*, A *Mayagüez*, *Lirio blanco* y *Olvídame*.

7. Luis Lloréns Torres (1876-1944), periodista, político y muy laureado poeta. Natural de Juana Díaz, estudia en su natal Juana Díaz, pero la escuela secundaria, desconocido por muchos, la cursa en Mayagüez. Su más popular poema, del imaginario puertorriqueño dedicado al barrio en que nació, en Juana Díaz, es *El Valle de Collores*, pero también le escribe a Mayagüez el famoso poema *Mayagüez sabe a mangó*, que comienza,

"San Juan sabe a coco de agua, Humacao a corazón, Ponce a níspero y quenepa, Mayagüez sabe a mangó.".

8. Pablo Casals, músico catalán de madre mayagüezana, considerado el mejor chelista de todos los tiempos y uno de los músicos con mayor conocimiento en la música clásica y director distinguido mundialmente de orquestas sinfónicas. Vivió por muchos años en Puerto Rico y casó con una de sus estudiantes puertorriqueñas, doña Marta Montañez, hoy Marta Casals Istomin.

9. Ramón Emeterio Betances (1827-1898). Médico salubrista natural de Cabo Rojo, artífice principal del Grito de Lares, cuyo objetivo era derrocar al gobierno español. Fue ferviente defensor de la independencia para Puerto Rico durante la dominación española y un sincero abolicionista. Su filosofía de vida era masónica. Fue co-fundador de la Logia Adelphia en Mayagüez, primera logia establecida en Puerto Rico.

10. Luis Bravo Pardo (1834-1907), judío sefardita, llegó a Mayagüez, Puerto Rico en el año 1854 junto a sus padres y una hermana mayor, quien se casó con un judío sefardita de apellido Maduro, residente en Panamá, Ella se fue a vivir a Panamá y formó su familia allá. Los padres de Luis fueron don Salomón Bravo Namías y doña Sarah Pardo. Ellos murieron durante la epidemia de cólera en Mayagüez en el año 1856. Fue el padre de once hijos: Luis, Carlos, Jacobo, Alberto, Federico, Alfredo, Alejandro, Oscar, Carmen (Carmita), Consuelo y Sarah. Fue el primer Bravo que comenzó la familia puertorriqueña

mayagüezana de apellido Bravo. Por esas razones se le llamaba *El Patriarca*, según lo nombraba don José de Diego. La familia Bravo mayagüezana lleva siete generaciones y seis generaciones en nuestra familia Bravo Torruella. El bisabuelo, autodidacta, políglota, conocedor de siete idiomas que al momento de su deceso era Vice Cónsul de Bélgica, de los Países Bajos, Cónsul de Nicaragua, Vice Cónsul de Dinamarca y Gran Bretaña, Agente exclusivo de los vapores Trasatlántica Francesa, representante de las Empresas de Pinillos Sáenz de Cádiz, España, corresponsal del "Board of Underwriters de las agencias aseguradoras marítimas" de Nueva York, Alemania, Centro de Barcelona y asegurador de varias otras empresas marítimas de Europa. Esta información está evidenciada en los documentos históricos de Mayagüez e incluido en este escrito, el documento oficial de los negocios del bisabuelo.

11. María de los Santos González Izquierdo, conocida como Santos o Santitos, o como le llamaba su amado, mi Santos. De reconocida familia católica mayagüezana. Al momento que Luis Bravo Pardo, judío sefardita, la pretendió, los padres de ella le pusieron como condición para aceptar esa relación que él debería convertirse al cristianismo a través del catolicismo. Lo hizo previo a su matrimonio con el amor de su vida. Su nombre original era Salomón Louis Jacob. Para bautizarlo hubo que eliminar los nombres judíos y quedarse con el de Luis. Fue bautizado de adulto en la pila bautismal de la Iglesia de la Candelaria, pila histórica y famosa pues ahí fue que Betances y Ruiz Belvis bautizaron y liberaron a varios niños negros de la esclavitud.

12. Domingo Cruz, fue mejor conocido como Cocolía (1864-1934), afamado intérprete ponceño de música de cámara y popular de salón. Tocaba varios instrumentos, entre ellos el saxofón y el bombardino en la Orquesta Sinfónica de Ponce. Fue por varios años director de la famosa Banda de Bomberos de Ponce. Venía con cierta regularidad a Mayagüez a tocar con la Banda de Bomberos en retretas y en actividades formales de alto relieve social y cultural.

13. E. Franco, fundada en 1850 por el español don Enrique Franco. La información fue provista por su actual dueña, Sra. Elena (Elenita) López de Vélez, descendiente de don Enrique Franco e hija de don Ramón y sobrina de don Carlos López Álvarez, quienes ambos antes que ella, estuvieron a cargo del manejo de dicho negocio.

14. *Croquembouche*, pastel de bodas que comenzó a ser utilizado por la nobleza francesa ya en el siglo XVIII. Eventualmente se popularizó.

15. Sobre las danzas, contradanzas, mazurcas, vals, cotillones véase *Enciclopedia de Puerto Rico Digital*, "Música puertorriqueña y su historia" (2015). La danza de Puerto Rico es la forma musical que más se asemeja a la música clásica europea. Esas eran las piezas de salón aceptadas para bailar en sociedad. Los bailes en Puerto Rico se clasificaban en dos categorías, bailes de sociedad y bailes de garabato. Los participantes de los bailes de sociedad eran personas de la clase social alta. En estos bailes se escuchaban predominantemente los mencionados.

16. El abanico era utilizado siempre por las damas en el baile de la danza. Ellas lo iban exhibiendo elegantemente durante el paseo o primera parte de la danza. Sirve de introducción tonal.

17. *Historia de la danza puertorriqueña*, "Géneros, danza, música de Puerto Rico" (2015), Hay diversas teorías sobre el origen de la danza. Varios estudiosos de la danza puertorriqueña y el danzón cubano indican que quienes llevaron esos ritmos bailables a España fueron los judíos. Señalan su origen en los bailes del folklore judío.

18. Peteco Carabajal, *Bajo la sombra de un árbol*, música y letra de Peteco Carabajal, Buenos Aires, Argentina. Fecha de la composición no encontrada.

19. Simón Carlo Ortez, experto artesano mayagüezano en trabajos en hierro. Nació en Mayagüez en el año 1884. Posterior a su taller de herraje, estableció la a Fundición Simón Carlo, en el pueblo de Mayagüez.

20. Cerchas es un armazón de madera o metal que se usa para construir un arco o una estructura curva.

21. Laura Bravo y Rafael Jackson, *Mayagüez sabe a mangó, Revista Digital* (2014) José López de Victoria (1869-1939), pintor mayagüezano. Uno de los más laureados pintores de principios de siglo veinte de todo Puerto Rico. Vivió casi exclusivamente de la pintura. Sobresalió en la pintura paisajista.

22. José M. Álvarez Cervera (1983) *La arquitectura clásica actual en Mayagüez*, "Patios con jardines en forma de U". Originalmente de Roma, Italia viene ese estilo, propagado posteriormente a toda Europa y finalmente a sus posesiones en América.

23. Ramón Valdés, fundador de una de las primeras plantas de hielo en Mayagüez en 1910. La compañía, aunque tenía el nombre oficial de Mayagüez Light, Power and Ice Company, era conocida como la Planta de Valdés. Él fue el padre de Alfonso, Ramón, Jr., y Sabino Valdés Cobián quienes décadas después fundaron la Cervecería India, todavía en funciones. Hoy Cervecera de Puerto Rico.

24. Wilbert Pagan, "Clasificación de la casa Bravo Torruella, La Casa Amarilla, casa criolla urbana, con enlaces neoclásicos". La define con profundidad luego de observar fotos externas e internas a petición del autor. Mayormente criolla elegante por su tipo de construcción en madera y zinc corrugado. Los detalles neoclásicos, entre otros: la forma como abre la puerta principal, las ventanas internas tipo *tiffany* que al abrir las ventanas externas se aprecian con su detalle europeo. Los jardines a ambos lados de la casa, el balaustrado y el patio en forma de U.

25. Silvia A. Aguiló, *Mayagüez, notas para su historia*. Mayagüez fue el puerto de mayor pujanza en cierta época y el que más dinero producía dado el auge en exportación de azúcar y café a los Estados Unidos y a Europa. Fue la primera ciudad en Puerto Rico que refinó azúcar.

26. Según Silvia A. Aguiló, dado el auge de dicho puerto, y por consiguiente su pujanza económica en esa época, inmigraron a Mayagüez españoles, franceses, venezolanos y dominicanos.

27. El otro lado, era la forma de referirse en Mayagüez Playa cuando se pasaba el puente del Río de la Calle Comercio a la Calle Concordia.

28. Francisco (Paco) Nazario, boticario de la época. Muy conocido en Mayagüez. Fue dueño de la Farmacia Nazario en Mayagüez Playa. Fue muy amigo de la familia. Tanto la abuela como el abuelo murieron a su lado, bajo sus esmerados cuidos.

29. Silvia A. Aguiló, *Mayagüez: notas para su historia*, pág. 36, el doctor Salvador Carbonell, médico registrado como tal, desde 1865 y propietario del hospital privado de Mayagüez, Casa de la Salud.

30. En los velorios de la época no había neveras eléctricas especializadas para guardar difuntos en las agencias funerarias, ni tampoco el proceso de embalsamamiento. Se conservaban por varias horas con bloques de hielo debajo de la cama del difunto. La única planta de hielo en ese tiempo, la de Valdés.

31. Yemitas, pequeños bizcochos hechos con la yema de huevo, de color amarillo. E. Franco, casa mercantil española las comenzó a hacer en Mayagüez y se convirtieron en famosas. Famosas también se convirtieron en la época citada las mallorcas de la casa mercantil francesa, La

Ricómini, las cuales la gente venía desde distintos pueblos a Mayagüez para comprar de ambos manjares.

32. Balbino Trinta, reconocido como uno de los mejores pianistas y maestros de piano mayagüezano. Fue maestro de piano en la Escuela Libre de Música. Ofrecía clases privadas en su residencia o en la residencia de los discípulos. Tocaba música de cámara y música popular de salón. Los domingos, cuando no tenía otros compromisos formales, traía a su residencia, en la Calle Salud de Mayagüez, a los miembros de las mejores orquestas para que le obsequiaran al público desde el amplio balcón de la casa lo mejor de la música popular elegante, como danzas, danzones y vals. Una de las características que más llamaba la atención de la casona criolla era su amplio balcón, siempre pintado de blanco, al igual que la vestimenta del afamado pianista.

33. Boda Cabassa Mayoral- Bravo Torruella, la mayor parte de la información plasmada en este escrito ha sido extraída de la reseña original publicada en las páginas sociales de un periódico de la época. Dicha reseña la guarda su hijo, Antonio Cabassa Bravo. No se puede identificar el nombre del periódico.

34. Miguel A. Maymón, músico mayagüezano y autor de varias canciones, entre ellas, *Te adoro*. En una época tocaba junto al maestro, don Balbino Trinta.

35. Los furúnculos son abscesos de pus y tejido necrótico en el cuerpo. Son de origen bacteriano.

36. Logia Adelphia, la primera logia masónica que existió en Puerto Rico, fundada en el año 1871, ubicada desde sus comienzos en la Calle Sol. Famosa por ser la primera logia masónica de Puerto Rico y por su rica escultura arquitectónica y por la prominencia de quienes la fundaron y asistían a ella. Las logias masónicas fueron prohibidas durante la dominación española y sus miembros altamente perseguidos por las autoridades, ya que había la creencia general y gubernamental que la masonería era una sociedad secreta contra el régimen. Aunque posteriormente fueron aceptadas, parece que la Iglesia Católica siguió por muchos años dudando de sus propósitos y se hacía imposible el ser católico y masón a la vez. De esa respetable logia fueron miembros activos, entre otros distinguidos ciudadanos, don Ramón Emeterio Betances al igual que don Santiago R. Palmer.

Bibliografía

Aguiló Ramos, S., (1984) *Mayagüez, notas para su historia*, Model Offset Printing, San Juan.

Aguiló Ramos, S., (2003) *Memorias del Casino de Mayagüez*, Casino de Mayagüez, Inc., Mayagüez

Alarcón, J.S., (2015) en googles.com, Poemas de José de Diego.

Allende, I., (1987) *Eva Luna*, (1988) *Hija de la fortuna*, (2002) *La suma de los días*, Harper Collins, Publisher, New York.

Álvarez Cervera, J.M., (1983) *La arquitectura clásica actual de Mayagüez*, Antillian College Printing, Mayagüez.

Amadori, L.C., (1930) *Madreselva*, autor de letra y música de, canción, Buenos Aires.

Ancestry.com, (2015) Varias búsquedas información sobre familiares y sus cónyuges de generaciones pasadas y fecha nacimiento y lugar Simón Carlo Ordez.

Andino, J., (2014) *Enciclopedia Digital de Puerto Rico*, "Música, mixtos, fines de siglo 19."

Bayrón Toro, F., (2013) *Temas de su historia y geografía*, Editorial del Museo Eugenio María de Hostos, Mayagüez.

Biografías y vidas, (2015) Revista Digital, "Biografía de Luis Llorens Torres".

Bravo, L. y R. Jackson, (2014) "Mayagüez un siglo de artistas", *Revista Digital Mayagüez sabe a mangó*, publicación Municipio de Mayagüez, Mayagüez.

Carbajal, P., (fecha desconocida) *Bajo la sombra de un árbol*, autor, música y letra, Buenos Aires.

Cedó Alzamora, F., (2013) *La industria licorera en Mayagüez, Antigua Capital Mundial del Ron*, Ediciones Guanajibo, Mayagüez.

Cordero, A., (2014) "Mayagüez, su música y su Gente, Simón Madera, músico mayagüezano (1890-1943)", *Revista Digital Mayagüez sabe a mangó*, Mayagüez.

Correspondencia, La, (1906) 30 de julio de 1906, Reportaje, "El entierro de don Luis Bravo Pardo", San Juan.

Danza puertorriqueña, La, (2015) Revista Digital, "Biografía de Simón Madera".

Diccionario de la Real Academia Española, (2014), búsqueda de varias definiciones, Madrid.

Domínguez, C., (2000) *Panorama histórico forestal de Puerto Rico*, Editorial de la Universidad de Puerto Rico, San Juan.

Enciclopedia Digital de Puerto Rico (2015), "Música puertorriqueña; mixtos, música, finales siglo 19", Domingo Cruz, Cocolía, biografía parcial, Fundación Puertorriqueña de las Humanidades, San Juan.

Ferré, R., (1998) *Vecindarios excéntricos*; (1998), *La Casa de la laguna*; (2009), *Lazos de sangre*, Vintage Printing, New York.

Free Dictionary.com, The (2015), diccionario digital.

Fundación Nacional para la Cultura Popular, Revista Digital, (2014) "Biografía de Roberto Cole".

García Márquez, G., (1987) *Del Amor y Otros Demonios*; (1989), *El General en su Laberinto*, Alfred A. Knopf Publisher, Broadway, New York.

Gil, M., (2015) "Historia del Puerto de Mayagüez", *Revista Digital Mayagüez Sabe a Mangó*, Municipio de Mayagüez.

Googles.com, (2015) Definiciones de tipos arquitectónicos, casa urbana criolla, neoclásica, barroca.

Música de Mayaguez.com, (2015), "Balbino Trinta y Miguel A. Maymón en los treinta".

Googles.com, (2015) Planta de hielo, Mayagüez, Valdés, Ramón.

Googles.com., (2015) Simón Carlo Ortez, biografía parcial.

In.Eventos.com, (2015) Pastel de bodas de época, Francia, 1883-1920.

Ortiz Colom, J., (1987) *Esbozo arquitectura histórica de Puerto Rico*, Instituto de Cultura Puertorriqueña, San Juan.

Periódico de la época, (1930) "Boda Cabassa Mayoral- Bravo Torruella", el 29 de diciembre de 1929. Se tiene reseña, no así nombre periódico. Dada cercanía fin de año, concluimos fue reseñado principios del año 1930.

Pagán, Wilbert, (2014) *Historia y arquitectura de Mayagüez*, página digital, Facebook.

Wikipedia, The Free Encyclopedia, "Los rones de Puerto Rico," (2015) Ron Superior Puerto Rico, J. González Clemente y Cía., Mayagüez, Ron Don Q, Ponce, familia Serrallés.

Acta de matrimonio Alejandro Bravo González y María Luisa Torruella Rousset

Número 218
Alejandro Bravo
Con
María Luisa
Torruella

En la Ciudad de Mayagüez á veinte y uno de Diciembre de mil novecientos dos, Don Rogelio Martínez, Juez Municipal asistido de Don José Antonio Carol, Secretario, dispuso se procediera á inscribir el matrimonio á que se refiere el acta que dice: en el poblado de Hormigueros el día veinte de Diciembre de mil novecientos dos ante mí, Don Antonio González Pbro. Sacerdote de la Religión Católica Apostólica Romana, debidamente autorizado por esta, procedí á unir en matrimonio á Don Alejandro Bravo, de treinta y un años de edad, de estado soltero, de profesión comercial, natural de Mayagüez, vecino de Mayagüez é hijo legítimo de Don Luis Bravo y de Doña Santos González

y Doña María Luisa Torruella, de veinte y un años de edad, de estado soltera, de profesión social distinguida, natural de Mayagüez, vecina de Mayagüez é hija legítima de Don Juan José Torruella y de Doña María Rousset. Previa licencia expedida por el Sr. Juez Municipal de Mayagüez, se verificó la ceremonia en la forma que dicha Religión prescribe, siendo testigos del acto Don Alberto Bravo y Don Arturo Pigante, de 34 y 32 años de edad, de estado casados, de profesión comercial y vecinos de Mayagüez respectivamente. Y para que conste se extiende la presente acta que firman los que saben escribir de estos presentes, certificando de la exactitud de su contenido el Sacerdote y Ministro que suscribe. Alberto Bravo. Arturo Pigante. Antonio González. El acta transcrita se archiva en este Registro Civil y firma el señor Juez y Certifico.